子どもが考え、議論したくなる学級づくり

筑波大学附属小学校
加藤宣行

東洋館出版社

はじめに

私は現在、筑波大学附属小学校で道徳の教師をしています。

早いもので教師生活三十年。公立の学校であれば、管理職になる年齢かもしれません。

しかしありがたいことに、私はいまも担任の学級をもっていて、かわいい子どもたちと向き合う毎日を過ごしています。


以前、総合的な学習の時間に、担任をしている四年生の子どもたちと特別養護施設の見学に行きました。半日の見学のあとは、職員の方に子どもたちからの質問タイムです。

「おねえさんは、どうしてこの仕事をしているんですか？」

一番に手を挙げた子どもが、いきなり直球の質問。

職員の女性は一瞬戸惑ったものの、すぐに微笑み「それは加藤先生が先生になられた理由ときっと一緒だと思います」と答えてくれました。

来たか！と思うと同時に、一気に集まる私への視線。

話すことはあるけれど、せっかく施設にお邪魔しているのに私が出しゃばるのもなあ。

そんな気持ちから私は、「みんなと過ごすのが楽しいからだよ」と優等生的な回答でかわそうとしました。

すると、そんな気持ちを見透かしたかのように、子どもたちからは次々と反撃が来ました。

「先生、それじゃあ具体的なこと、何も語ってないよ！」

「ちゃんと自分で考えた言葉で話してよ！」

普段私が、子どもたちに言っていること。それが、そのまま返ってきたわけです。

いやあ、一本取られたという感じでした。

道徳の授業は、**その場の流れを読んだ優等生的な回答ではなく、自分の内面からくる本当の言葉で語り合わないと意味がない**。そんな授業をいつも経験している子どもたちが、うわべの言葉にだまされるわけがありません。

参ったなあと思う半面、子どもたちが物事の本質を見つけようとする集団に育っていることを頼もしく感じた瞬間でした。

そんな流れで、特別養護施設の一室で、私は自分の人生を語ることになったのです。

……私は大学では器械体操がしたくて、練習環境が一番自分に合っていると思ったところを選んで入学しました。そして卒業後は、夢だったスタントマンになるため、千葉真一氏が創設したＪＡＣ（ジャパンアクションクラブ）の門をたたきます。

スタントマンという仕事は想像していた通り刺激的な半面、とても大変な仕事でもありました。初舞台は、激しいアクションがあるミュージカル。目一杯動いたあとに台詞を言うシーンがあり、そのためには徹底した肉体づくりが必要でした。加えて、発声方法やダンスなど、身に付けなくてはいけないこともたくさんあります。

芸能界という真剣勝負の世界では、常によくなりたいと願い学び続ける者にしか、チャンスは与えられない。そのことを痛感しながら、努力する毎日でした。

もちろん、新人はスタントの仕事だけでは食べていけません。そこで、教えることが好きだった私は、そのことを軸に様々な業界をわたり歩きました。スキーや体操のインストラクターや家庭教師、他にはトラックの運転手やセールスドライバーの仕事などもこなしました。そして、様々な経験を通して、私は教える楽しさと人生で学ぶことの意義を実感したのです。

転機となったのは、子ども向けのスイミングスクールのコーチに就いたこと。

たった週一時間の授業にもかかわらず、その中で子どもはどんどん変わっていきます。いつの間にか私は、驚異的とも思える子どもの成長を見るのを心から楽しんでいました。そして、何より子ども自身が、変わりたいと強く願っている存在だと気付き、教えることへのやりがいを感じていました。

このときの経験が私の人生を変えました。

一週間のたった一時間でこれだけ変わる子どもたちと、毎日かかわったらどうなるんだろう……。子どもたちと、毎日一緒に過ごしてみたい――。そう思ってわくわくする自分に気付き、教師として人生を歩もうと決めたのです。

実際、教師になって思ったことは、子どもたちは予想以上に奇想天外で、毎日が発見の連続！　スタントマンと同じく、いやそれ以上に刺激的で、仕事への情熱は衰えるどころか、日に日に増し続けています。

……こんな話を子どもたちにしたところ、皆、興味津々で聞いてくれました。そして、働くことについて、教師やスタントマンという仕事について真剣に考えているようでした。授業に限らず、どんなときでも子どもたちを子ども扱いしないで、人として素でぶつかる。それが、私の教育観です。大人げなくてもいい。でも、真剣に正直にぶつかれば、子どもはきちんと返してくれます。それと、子どもたちに語る言葉をもつということも大切だと思っています。

本書は、学級づくりをテーマにしています。道徳専門の私がなぜ学級づくりを、と思われる方がいるかもしれません。

本書を執筆した理由は二つあります。一つは、**道徳教育を行う要は、学級づくりにある**からです。

私の授業を見てくださった方から「どうしたら、このように自分の言葉で語る発言ができる子どもに育つのですか？」と質問されることがあります。その答えは、道徳の授業づくりの前に、私なりの学級づくりができているからだと思っています。ですから、私が行っていることを整理してみようと考えたわけです。

もう一つは、**回り道をして教師になったからこそ、伝えられることがある**のではないか、と思ったからです。私は普段から次のような集団づくりを意識しています。

自分で考えたことを、自分の言葉で伝えられる集団。
相手の話をきちんと聞き、違いを受け入れ高め合う集団。
何がいいことで、何が悪いかを、しっかり判断する力をもった集団。

このような集団にするためには、先述したように、教師が子どもに真摯に向き合っていかなくてはいけません。そして、私がこのスタイルを身に付けることができた要因として、これまでいくつもの仕事を経験してきたことがあると思っています。

教師という仕事は、本当に素晴らしい。こんな楽しい仕事は他にはない、と私は自信をもって言えます。だから、私は皆さんと一緒にもっと教師という仕事を楽しんでいきたいと思っています。

本書が皆さんの学級づくりや授業づくりに、少しでもお役に立てたら幸いです。

子どもが考え、議論したくなる学級づくり 目次

第1章 子どもに任せて主体的なクラスをつくる

第2章 子ども教師も変われるクラスを目指す

第3章 素直な子どもを育てるための授業づくり

第1章

子どもに任せて主体的なクラスをつくる

たった三分で終わった道徳授業「これで授業終わり！」

担任している三年生の道徳授業。

おもむろに黒板に「いのち」と書き、このように子どもたちに投げかけました。

「ここに何かをつけ足してくれるかな？」

一瞬の間のあと、子どもたちが次々に発言し始めます。

「大切に生きるいのち」

「いのちは大切」

「いのちはひとつ」

「いのちの『い』は生きるの『い』。生まれるの『い』。だから、いのちの大切さは生まれたらわかる」……。

私はただただ感心して「ははあ」「なるほど」などと言いながら板書していくだけでした。

子どもたちの発言は続きます。

「〇〇ちゃんの言ったことにつけ足しなんだけど、『い』は生きるでしょ、『の』はちょっとわからないんだけど、『ち』は『ちから』の『ち』」

「『の』は『のびる』だよ！」

ここからはあちこちから声が上がり、指名する暇もないほどでした。

「『ち』は『血』」

「『の』は『乗り越える』」

「わかった！『いのち』は『生きのびる力』だ」

ここで思わず私はこう叫んでしまったのです。

「すごい！よく考えた。これで授業終わり！」

「え～!!」と子どもたち。

ここまで授業開始からわずか二分三十秒。

単純な投げかけでも、子どもたち次第でパアーッと広がりを見せることがあります。まるで何かの化学反応のように、子どもの数だけ波紋が広がり、あれよあれよという間に、教師ですら予想の及ばない世界へ到達するのに、さほど時間はかかりません。

そもそも四十五分かけてそこに行かなければならないというルールはありません。学級のモチベーションが高く、みんなで創り上げていくという意気込みがあれば、たった三分で行けるのです。もちろん、その後でねらいに向けた指導展開は必要ですが。

学習内容をどこまで深め、定着できるかは、まずは学級づくりにかかってきます。クラスが育っていると授業がおもしろくなり、授業がおもしろいとクラスが育つのです。

では、具体的にどうすればよいでしょうか。

私が考える、クラスをつくるポイントは、**子どもと真剣に向き合い、どれくらい質の高い対話ができるか**ということにかかってきます。

私は道徳の授業の中で、子どもを対等な人間として扱い、対話を繰り返してきました。

対話の基本は、まず教師対子どもの一対一です。

「なるほど、先生も気が付かなかった」と感心したり、「そんな意見もあるね」と同調したりと、教え込まずに子どもと一緒に学ぶというスタンスです。

そして、子どもの中で、授業中の出来事を自分事として見つめさせ、自己内対話をさせます。

具体的には、「たとえば、どういうこと？」と問い返し、自分と重ねて教材を読ませます。そうすることで、自分の内面や経験を振り返ることにつながるのです。

最終段階は、子ども同士の相互対話となります。

「〇〇ちゃんの言ったことはどういうこと？」と聞くことで、自分とは違う意見だとしても、自分に新しい発見をさせてくれる存在だと気付かせるのです。

このような対話を通じて、子どもはどんなことにも興味をもち、自主的に行動するようになります。

そして、そんな個人が集まったクラスは、一人ではたどり着けない高みを仲間と目指す学習集団になっていくのです。

一人ひとりの個性が輝き、主体的に取り組む集団。

誤解を恐れずに言うと、**担任の言いなりにならないクラス**を目指しています。

そのために、子どもたちと授業でも学級活動でも真剣勝負をしています。

授業開始二分三十秒後、あろうことか想定以上の結論を言い当てた子どもたちに、感心のあまり口にしてしまった「授業終わり！」の一言。実は子ども主体の授業はここから始まるのです。

学級開きで教えるのは二つの型だけ

新年度、新しいクラスでのスタート。

担任も子どもたちも少し緊張気味でしょう。もちろん、ミニゲームなどで緊張をほぐし、新たな一年に思いを膨らませるような演出も大事です。

同時に、私は学級開きのとき、指導において大切にしている「二つの型」を必ず子どもたちに伝えるようにしています。

一つ目は、**子どもたちに任せるつもり**だということ。

「私が黙って見ているときは、みんなに任せているときだよ。だから、『先生が何も言わないからこのままでいい』とか『何もしなくていいんだ』と思わずに、『任された自分たちに何ができるか』を考えてください」

いま、教育界では「主体的・対話的で深い学び」が大きなキーワードの一つになっています。その中でも、まず必要となるのが、子どもたちを主体的にすること。そして、そのための方策として、私が普段から行っているのが、子どもに任せることです。

もちろん、任せると言っても、なんでもかんでも子どもに委ねるわけではありません。任せっきりとは違います。放任しすぎると、クラスは荒れていきます。

しかし一方で、先生が面倒を見すぎたり、無理にコントロールしようとすると、子どもは受けの姿勢ができてしまい、主体的になりにくくなってしまいます。**子どもの活発さ（自由奔放さ）をよい方向に生かしてあげること**が、私の学級づくりの基本です。

二つ目は、**礼儀を守る**こと。

「靴箱に靴を入れるときはかかとをそろえること。朝教室に入るときは元気に『おはようございます』のあいさつをして入ること、名前を呼ばれたら『はい！』と返事をすること、これは必ず実行しましょう」

私はあまり決め事をつくらないのですが、礼儀を守ることは大切にしています。たまに授業前のあいさつをしないクラスがあることを耳にしますが、それは自主性とはまた違っているのでは、と個人的には思っています。

私は授業を始めるときはもちろん、体育館に入るときなども「よろしくお願いします！」と一礼します。私は学生時代、体操競技をしていましたが、毎回体育館に出入りするとき、一礼するのは当たり前のことでした。それは、身を引き締めるというか、「自分はここで練習させてもらいます。ケガをしないように見守っていてください」といった場に対する感謝や敬意です。

以前、先輩の先生に「授業前の『よろしくお願いします』というのは誰に言うんだ？」と聞かれたことがあります。子どもたちはいったい誰に対してあいさつしているのか、と。

私は「先生ですか？」と答えたら、その方は首を振って「先生に対してもあるが、それだけじゃない。**学習仲間である友達や、学習してきたクラスの文化、さらにはその教室で積み上げてきた伝統や先人たちの知恵に対して言う**んだ。『よろしくお願いします』と謙虚な気持ちで学ぶことが大切なんだ」とおっしゃいました。

私も全くその通りだと思っています。若い頃、ＪＡＣで演技を学んでいたときの私は、先輩の演技を本当に一瞬も見逃すまい、と思って臨んでいました。そのときの必死さ、「学び取ってやる」「学ばせてください」という気持ちが大事だということを、三十年の経験

1．子どもに任せる

2．礼儀を守る

で知っています。

だから、その緊張感や謙虚さを子どもたちにも知ってもらいたいのです。仲間と切磋琢磨して自分を追い込んだその先に本当の学びがあることを、授業を通して伝えたい。

そして、子どもだけでなく、教師も「学ばせてもらう」という謙虚さをもって授業に臨む。それが、あいさつにつながるのです。

さて、私はこの二つの型を子どもたちにきちんとできるようにさせた上で、その行為を意味づけします。

そうすることで、**ルールだからしなさいという形式的なことではなく、本当の意味でよさを理解し、行動できるようになります。**ここまでの状態で、上手にできた人を褒めたり、叱ったりしたりすれば、子ども自身でその理由がよくわかるので、吸収力が違ってきます。

そこからは、武道、茶道などの言葉「守破離」の世界。型ができれば、そこからは、自分がよいと思うことを自分で判断し、行動できるようになってきます。

そんな子が出てきたら、指導の最大のチャンス。

みんなの前で褒めて、「型」を破るときが来たことを、伝えてあげましょう。

朝の会も帰りの会も子どもに任せる

私の学級づくりは、先述の二つの型が基本です。では、具体的にどのように指導しているのか。「礼儀」については詳述しなくてもなんとなくおわかりかと思いますので、本章では「任せる」ことについて述べていきます。

皆さんは、朝の会や帰りの会はどのように行っていますか。

朝の会は出席チェック、帰りの会は連絡事項や宿題の伝達のために必要な時間。多くは先生が主導で行っている場合が多いのではないでしょうか。

しかし、それらは必ず教師がやらなくてはいけないものではありません。朝の会、帰りの会の運営は、任せる活動の一つとして、とてもちょうどよい時間です。

私のクラスでは、**子どもたちの自主的運営を基本とし、なるべく口出ししない**ようにしています。

司会進行は日直に任せ、宿題や連絡事項はサイド黒板に書いているので、各自がメモを取ります。そのため、私が朝の会や帰りの会で話す内容は、連絡というよりは、子どもたちに一日の見通しをもたせたり、意味づけたりする、いわゆる「語る言葉をもつ」ということです。

とは言え、すぐに任せられるというわけでもありません。私は任せられる子どもを育てるために、次の三つのステップを踏んでいます。

一番目の段階では、先生が会を進行します。朝の会や帰りの会の一通りの流れを示し、進行の手本を見せます。

二番目の段階では、子どもにやらせてみます。少しずつできるようになったら、褒めてあげて、その気にさせましょう。方向がずれそうになったら適宜教師が、手助けをしていきます。

慣れてきたら三番目の段階、教師が意図的に席を外します。それでも子どもたち自身が自主的に会を始めるようになったら、あとは任せていっても大丈夫です。

１．先生が進行

２．子どもに任せる

３．席を外す

さらに、朝の会や帰りの会を短くなおかつ効果的に行う工夫を紹介しておきましょう。

それは、**主な行事予定を、あらかじめ子どもたちに伝えておく**こと。

子どもは、見通しのもてない活動には、主体的にかかわることはできません。子どもたちに把握させることで、いつまでに何をしなければならないのかを子どもたち自身が考えるようになります。

担任の私がうっかりしていても、「先生、明日は○○があるから、今日は準備をしなくちゃいけないんじゃない？」と教えてくれます。

朝の会や帰りの会から始めて、主な行事なども子どもに委ねてみる。子どもの自主性を育てながら、教師の負担を減らすことができる一挙両得の方法です。

はじめは、担任が計画し、事前に準備を整え、子どもたちが活動しやすいようにしてあげることが必要かもしれません。けれど、スイッチが入れば、たいていのことは自分たちだけでできるものなのです。

教育界では「支援」という言葉が当たり前のように使われるようになりましたが、子どもたちに必要な支援とはなんなのかを改めて考えてみましょう。

「支援」と言うと、「いかに子どもたちの負担を軽減し、結果を出しやすくする補助をするか」というようなサポート体制をイメージします。

しかし、そのような「転ばぬ先の杖」を用意していると、子どもたちの自立を遅らせてしまう可能性があります。あえて、**「何もしない」のも支援なのかもしれませんし、さらに「あえて邪魔をして転ばせて、自力で立ち上がるチャンスをつくってあげる」のも、重要な支援の形**なのではないでしょうか。

ハードルを下げて跳びやすくするばかりでなく、この子にはもっと高いハードルが必要だと判断したら、失敗を臆せずチャレンジさせることが個に応じた支援でしょう。

高いハードルを跳ぶためには、集中力や研ぎ澄まされた技術が必要。なんとなくできていただけのことでも、少しハードルを上げるだけで、一つ一つの動きに自覚的になり、自然にスキルアップが図れることがあるでしょう。

そういうハードルを設けるには、学級づくりは格好の機会です。朝の会や帰りの会だけでなく、普段のちょっとしたことでもあえてハードルを与えて、子どもの成長を促す工夫をしてみるといいと思います。

転ばぬ先の杖を「はずす」

支援の話についてもう少し。私は一年生の担任をもったときでも、「転ばぬ先の杖」をはずしていました。ケガやルール違反につながるものは別として、ちょっと転んで泣くぐらいのことをさせないと、子どもはいつまでたっても転び方や立ち方を学びません。

かつてスキーや水泳のインストラクターをしていたときも同じでした。たとえば、泳げない子は、立ち方がわからない子が多い。だから、怖い。そうすると、体がガチガチになって泳げません。ですから、まずは立ち方を教えてあげます。立てるようになると、安心して力が抜けます。体が軽くなって、ふわっと浮いて泳げるようになるわけです。

スキーも同じ。**まずは転ばせてそこからの立ち方を教えてあげると、上達するのが早くなります。**

クラスのよくある例としては、給食で子どもが牛乳をこぼしたときなどがそうです。入学したての子どもたちは、給食時に牛乳などがこぼれたとき、じっとしているケースが多い。つまり、戸惑い、誰かが拭いてくれるのを待っているのです。先生がやってきて、「大丈夫？　○○ちゃん、雑巾を持ってきて！」といった具合に面倒を見る人がいるからです。

しかし、私のクラスではそんなことはありません。**誰かが何かをこぼしても、基本的に私から手を差し伸べることはありません。**

子どもたちがすがるように見てきたとしても、私は逆に後ずさりしながら「大変だね。どうしたらいいんだろうね」というふうにして、まず自分がどうしたらいいのかを考えさせます。

また、「どうしたらいいんだろうね」と言ったときに、まわりで動いてくれた子がいたら、「すごいね。そういうことをしてくれたら助かるよね」と、その子を目一杯褒めます。そうやって、どうすればいいのかを考えさせていく場面が二、三回もあれば、子どもたちはグッと成長します。

一学期が終わる頃には、誰かが牛乳をこぼしても、当事者を含め、みんなですぐに拭き取るようになります。ですから、最初の段階はできるだけ「転ばぬ先の杖」を用意しないで見守ることが、学級づくりの近道となります。

子どもだけでつくるクラス目標

任せるということで言えば、クラス目標もそうです。

皆さんが担任している学級には、クラス目標がありますか？

クラス目標とは、担任の先生が、学級の子どもたちの実態をもとに、自分が思い描く指導方針や思いを言葉にしたものです。

私もこれまでいろいろとクラス目標をつくってきました。「自分色一〇〇％」「やる気・本気・元気！」「we are the 1」……。

しかし、いま受け持っている子どもたちとは、特にクラス目標をつくりませんでした。

なぜなら、**子どもたちの主体性を何より大切にするクラスをつくりたかった**から。つまり、先生に言われてつくっても、それはつくらされた目標であり、形だけになってしまうことが多いからです。

私は、クラス目標がなくても、クラスの根底に流れる想いのようなものが共有できていればそれでOKだと思っていたので、無理に目標を立てませんでした。もちろんクラスとしての方針や教師の想いを子どもたちに伝えることは大切です。しかし、あえてそれを掲げるまでもないと思ったわけです。

それに、これから子どもたちと一緒にクラスをつくっていくのに、**最初から目標ができているのもなんか変**だなとも思っていました。クラスの実態もわからないうちから、教師の勝手な想いで進めるのも押しつけがましい気がして、せめて一、二ヶ月は様子を見て、練り上げていく必要があると考えていたのです。

しかし、そう思っているうちに一学期が過ぎ、二学期も過ぎてしまっていました。そして一年間の終わりが近づいてきた頃、ついにしびれを切らしたのか、子どもたちの方から「先生、クラス目標をつくろう！」という提案があったのです。道徳の授業がきっかけでした。

私はすっかり忘れてしまっていたので、うれしく思って「いいよ！」と快諾。とは言え、具体的には何もしません。

すると、子どもたちは、自分たちで学級会を開いてキーワードを決め始めました。「一番」「仲良し」「思いやり」……。

私がしたことと言えば、「じゃあ、どんな言葉を入れたい？」「（目標を書く）紙はどうする？」と確認したことくらいです。

翌日も「キーワードをもとにして、案を考えてきたよ」「私は紙を持ってきた」と、担任の私を差し置いて、どんどん作業を進めていきます。

そして、「みんなでささえ合い、えがお あふれる 4部2年」という素晴らしい目標ができあがりました。まあ、ありきたりと言ってしまえばそれまでですが……。

教室に貼ってあるクラス目標を見る度に、私は完成したときの頼もしい子どもたちの笑顔を思い出し、感慨深くうれしい気持ちになっています。

子どもたちが主体的になってつくっただけに、彼らもその目標をとても大事にしていました。子どもに任せようと思っていたからこそ、できた目標だったと思っています。

子どもたちが考えたクラス目標

子どもが社長になる係活動

私はあまりクラス内で決め事をつくる方ではありません。もちろん、決めざるを得ないことはありますが、余計な決め事はない方がいいと思っています。

ですから、何か決める必要があるときは、必ず子どもたちに尋ねます。「これは、きまりにした方がいいか」と。**きまりがあるというのは、ある意味で信用していない、されていないということ。**きまりがなかったら守らなくてもいいのか、というとそうではないでしょう。

きまりにしていなくても守らなくてはいけないことはあります。そのことを子どもたちがわかっていれば、別に決め事をつくる必要はないと思っています。

そういう意味では、私のクラスは係決めもちょっと他とは違っているかもしれません。

係活動と言えば、「配り係」「生きもの係」など必要な作業を分担する場合と、子どもたち自身がやりたい係をつくる場合があります。

たとえば、「新聞係」「イベント企画係」など、子どもたちの工夫で学校生活を楽しむためのもの。なかには「お悩み相談係」など、少し毛色の変わったものを考える子どもたちも出てきます。

私のクラスでは、一人一つの係を自分で考えて申告し、担当してもらいます。つまり、それぞれが**自分の自己申告の仕事屋さんの経営者**なのです。

その中で同じような仕事を受け持つ子どもたちが集まれば、株式会社の結成です。社長のもと、みんなで仕事を分担するという組織をつくると、子どもたちはおもしろがって仕事をします。

「誕生日係」など期間限定のものもありますので、仕事が多いときはアルバイトを雇ったり、会社の中で部門を分けたりして、どこかで見聞きしてきた会社の運営をまねて工夫し始めます。

たとえばN君は「くじ引き係」屋さんを一人で経営しています。彼は工作が得意で、その才能を生かして、手際よくくじ引き箱や紙をつくってくれるのです。

班替えをするときなど、N君に「六グループを分けるくじをつくっておいてね」と依頼ですから、みんなを集めてくじを引かせるところまでやってくれます。そして、彼はプロのくじ引き屋さんですから、みんなを集めてくじを引かせるところまでやってくれます。

なんと素晴らしい！　私は何もしないでいいのです（笑）

このような感じで子どもたちの自己申告にすると、いいことがたくさんあります。しかし、先日ちょっとした問題が起きました。と言うのも、発想力豊かな子どもたちは、独自の係をつくり出すので、「配り係」など必要な係がないという事態が起こってしまったのです。にもかかわらず、子どもたちは平然とした態度。

さすがの私も気になって「配り係がいないと、困るよね？」と言うと、「大丈夫、みんなでやればいいじゃん」と返ってきました。

その言葉通り、その都度「誰か配って〜！」と言えば、争うようにみんなで配ってくれるのです。最終的には、「配りものを置くスペース」を決めようということになり、そこに置くといつの間にか誰かが配ってくれるようになりました。

子どもが育つと、最後は係もいらなくなるのかもしれませんね。そして、教師の仕事もグンと楽になるものなのです。もちろん、役目として係の仕事を与え、責任をもって活動させるという、別の面の指導はどこかで必要でしょう。

くじ引きだよ！
←くじびき係
くじ

教室掲示でも子どもの自主性を育てる

教室掲示には、いろいろな用途があります。係の分担表や学級会で決まったこと、学級目標や約束事項を全体に見えるところに示しておきます。また、自由研究などの研究物を貼る場合もあるでしょう。

私が教室掲示で心がけていることが二つあります。

一つ目は、**学習効果の向上**。

学習した内容を継続して意識させたいときに、教室の掲示や背面黒板を利用するとよいでしょう。

たとえば道徳の授業では、特徴的な場面絵や授業で共有したキーワードを紙に書いて貼っておくと、何かの折に「いまの○○さんの言ったことは、この前の授業のここにつながるね」と、学習の振り返りができます。

それが自然になってくると、子どもたちの方から「先生、これってこの前道徳でやったのと一緒だね」などと、自分たちでつなげてくるようになります。

道徳の授業は一時間で完結するものではありません。**一時間の授業が点ではなく、線になり、実生活に生きてはじめて意味があります。**

教室掲示は、その道しるべとなり、他教科や実生活とのつなぎの役割を自然に果たしてくれるのです。

二つ目は、**子どもたちだけの掲示スペースをつくる**こと。

教師の掲示物スペースとは別に、ホワイトボードやコルク板をぶら下げておくだけでも、子どもたちが自由に使い始めます。たとえば、係株式会社のアルバイト募集のポスターや、自作の新聞など、その作品は様々。

子どもの創作意欲を高めるだけでなく、教師にとってうれしいこともあります。

掲示物は定期的に貼り替えた方がいいのですが、忙しい教師にはそれが大変なこともあるでしょう。子どもたちに任せてしまうと、勝手につくって勝手に貼り替えてくれます。

教室掲示に限らず、教室環境の管理を子どもたちの主体性に委ねることで、自分たちの教室という意識が生まれ、いろいろ工夫を始めてくれるでしょう。

みんなの木

担任している４年生のＳさんが、「クラスのみんなが何かよいこと、たとえば頑張って何かを成し遂げたとか、もっと小さなことでも友達のために何かができたとか、そういうことがあったら、一つずつ何かをためていき、それがいっぱいになったらクラスみんなでイベントを開きたい」というような提案をしました。

Ｓさんのイメージとしては、小石とかビー玉とかを瓶に入れていき、それがいっぱいになったらという感じだったようです。ちょうどクラスに劇の大道具として役員の保護者につくっていただいた大きな木の絵があったので、それに葉っぱを貼っていくことにしました。

「葉っぱ係」が決まり、帰りの会でよいことの報告会の時間をつくりました。報告があると、それを一枚の葉に書き留め、自分の好きなところに貼っていくのです。

それがこの写真。この木が葉っぱで埋まったら、みんなで何をしようかなあ…。

道徳の授業が生きる給食指導

子どもが給食時に牛乳などをこぼしたときの対処法は先述しました。ここでは、給食指導そのもので大切にしていることを紹介します。ポイントは三つ。

①配膳指導、②食教育、③人間関係づくりです。

一つ目は、配膳指導。

まずは給食当番を決めて、自分たちで配膳をするように役割分担をします。当然はじめの頃は時間もかかりますし、熱いものや重たいものを持たせては危ないので、教師がかかわりながら行います。

服装や配膳の順番、机の上にどのように置くか、箸の使い方、両手の使い方（片手を下げて食べる子が多いようです）、食べ方（偏食しないように指導します。当然ですがアレルギーには配慮し、必要に応じて保護者と連絡を取り合います）、食事中のマナー（食べながら歩かない、おしゃべりは小さな声で)、ルールの徹底(おかわりの仕方、片付け方)等々、教えるべきところはきちんと教えます。

二つ目は、食教育です。

栄養を摂る意味、命をいただくということ、食文化について等々、家庭科、道徳科、総合的な学習の時間などで学びを深めておくとよいでしょう。

三つ目は、人間関係づくり。

給食班で机を合わせて食べる形にしていますが、**私もその班に日替わりで入っていって子どもたちと一緒に食べることがあります**。そうすることで、子どもたちの中でいま流行っていることなどを教えてもらっています。また、一つ目の食事中のマナーなどもこのとき指導したりします。

あとは、時間を決めて全くしゃべらずに、つくってくれた人や食材になってくれた生きもののことを考えながら食べさせることもあります。他にも教卓で一人で食べながら、全体を見るときもあります。時期や状況によって、臨機応変に動くことが大事です。

子どもたちの中で何が起きているのか、アンテナを張るには給食も重要な機会となるのです。

叱るポイントと本気で怒ること

何度も言いますが、子どもに任せるというのは、放任するのとは違います。なので、何か深刻なことが起きたときは、必ず教師が介入します。

ときには、子どもを叱ることもあります。

私は、子どもを叱るときの基準として、**「人を見下したり、馬鹿にしたりする態度を決してとらないこと」「同じ注意を二度させないこと」**の二つを設定しています。

その基準を破ったら、必ず注意します。

また、叱るときのポイントは、**①根拠をもつこと、②自分の言葉で語ること、③一対一で話すこと**の三つです。

たとえば、全体の前で怒るのではなく、「ちょっとおいで」と声をかけて、その子と一対一で話します。恥をかかせると、怒られている事柄よりも、まわりの友達に見られているということに意識が行ってしまい、注意した内容が伝わりません。

ですから、近くに呼んで「いま、君の様子を見ていたけれど、相手の気持ちはどうだったと思う？　自分が逆の立場だったらどう思う？」「先生は、ちょっと残念というか、悲しい気持ちだな」などと、語りかけたりします。それだけでも子どもの心に十分響きます。

一方で、個人的には強い信頼関係ができていて、その後きちんとフォローできる場合に限っては、「こら！何をやっているんだ！」と怒りを交え、指導することがあってもいいと思っています。

実はここ数ヶ月で私が叱ったのは一回だけです。でも、その一回は叱ったというより怒鳴った、いや、本気で怒りました。

よく「怒ってはいけない、叱るんだ」と言いますが、**怒るときは本気で怒るべき**です。子どもに対する怒りをもつのはいけないことですが、ルールを逸脱した行動に対する怒りは失うべきではありません。

人間は感情をもつ生きものなので、この人を悲しませた、怒らせたという経験も、子どもにとって、貴重な経験となると思っています。こちらの感情が動いたということを伝えるのです。

「あ、先生が本気で怒ってる！　なんでだろう」と子どもが思うその怒りのもとは、こちらの気分ではなく、人間としてそれはあってはいけないだろう、というところにあります。

前述の叱る基準がそうです。私は、子どもたちが失敗しても怒りませんし、教室が多少うるさくても怒りません（よく元気でにぎやかなクラスですねと言われます）。

しかし、友達を傷つけるようなことを言ったりすると怒ります。できることに手を抜いて適当にやっていると怒ります。本気でやらないで友達に迷惑をかけてしまったときは、「そんな態度でやるなら、もうやらなくていい！　他の人に迷惑だ。やる気になってから出直してきなさい！」と本気で怒ります。そういうときは、全体の中で注意します。

それは、相手が誰であっても同じです。たとえ一時、子どもから疎まれてもいい。そのような熱い想いを持ち合わせていないと、伝わるものも伝わらないのではないでしょうか。

もちろん、私がどこで叱るのか、**その基準は最初に子どもたちに説明しておきます**。保護者にも事前にそのことは伝えておきます。相手と状況を見極めながら、教師が毅然とした態度をとることが大切なのです。

低学年のトラブルは教師が仲介役になって解決する

子ども同士のトラブルに対しても場合によっては、先生が間に入ります。

たとえば、低学年の場合。

「先生、Aちゃんが何もしないのにたたいた」

Bちゃんが半べそをかきながら駆け込んできました。低学年の子どもたちは、まだ世界が自分中心に動いていて、どうやったら先生がこっちを向いてくれるか試している場合もあるようです。

こういう場合は、まずは受け止めてあげましょう。

「ああ、そうだったの。大丈夫？　ケガはない？」

元気にアピールしに来るくらいだから、たいていは大丈夫なことが多いですが、もし本当にケガなどをしている場合は、速やかに処置をしましょう。

次にたたいた相手への対応です。

Aちゃんを呼んで話を聞きます。このとき、まだBちゃんの主張しか聞いていないわけですから、頭ごなしに決めつけて、怒りモードで接するのは御法度です。Aちゃんの話を聞いてから、冷静に判断しましょう。

「Aちゃん、Bちゃんをたたいたの？」

「たたいてない、ちょっと押さえようとしただけ」

「なんで？」

「だって、Bちゃんがぼくと約束したのに、他の子と遊びに行こうとしたから」

「そうか、Bちゃん、本当なの？」

「……うん」

「誰が悪いの？」

「……両方」

話せば次第に自分たちで心の整理を始めます。低学年で大事なのは、**カウンセリングのように子どもたちの話をきちんと聞いてあげる**ことです。そうすれば、子どもたちは自然に落ち着きを取り戻し、いつも通りの仲良しに戻ってくれるでしょう。

たたいてない！
だって…
たたいたの？
どうしたの？
たたかれた！

高学年のトラブルはアンテナを張って事前に防ぐ

一方、高学年の場合では、逆に何も言ってこないことが多くなります。プライドがあるし、先生に言いつけたような形になると、事態がもっと収拾つかなくなることもあると体験上知っているからです。

子どもからの**直接的なアピールを待つのではなく、こちらがアンテナを張って接していきましょう**。休み時間に教室にさりげなくいるとか、一緒に遊びながら様子を見るとか、個を見ながら全体を見るのです。

そして、何かあって叱るときも子どもたちが内省できるように話します。

「C君たちは、いま何をしていたの？」

「みんなでふざけてました」

「D君、ふざけていて楽しかった？」

「……いえ、やめようと言おうとしたんだけど……」

「いくら自分たちが楽しくても、していいことと悪いことの判断はつくよね？　D君はそれに気付いていたね、そういうときは、どうしたらいいのかな？」

そのグループだけに注意するときもあれば、あえて全体の前で当事者に話しかけるときもあります。

「EさんとFさんは仲がいいけど、いつも一緒にいることが仲良しということなのかな？」

「……え？」

「いまはグループで活動しているんだよね、そういうときにそうやって二人だけで話しているのはどうかな。私（先生）だったら嫌だな。以前こんなことがあったよ（偏見をなくして接したら友達関係が広がったというような教師の体験談を話す）」

ここでは、あくまで**教師が自分の言葉で語ることが大切**です。また、事前に道徳の時間や、特別活動の時間に、友達のよさについて考える学習をしておくと、このような話が通りやすいでしょう。

そのうちに、トラブルが起きる前に自分たちから動き始めるようになったらしめたものです。その場を捉えてたくさん褒めてあげましょう。

高学年を叱るコツは先手を打って長引かせない

私が道徳専科で指導している六年生のクラスでのことです。

深く考えられるよいクラスなのですが、次第に慣れが生じたのか、ノートを提出しない子どもが増えてきました。

私は担任ではありませんから、普段の学級づくりにはかかわっていません。一週間に一度しか向き合う時間がないので、授業中に注意したり、指導したりしたことを受けて、あとで褒めるといったフォローができないのです。

専科制でない学校の先生でも、他のクラスの子への指導においては、同じようなことを感じるのではないでしょうか。叱った後のフォローができない場合、注意の仕方も担任のクラスとは少し違ってきます。

この日、私は授業を始める前に、「ちょっといいですか」と静かに切り出しました。

「最近、ノートをきちんと出す人と、出さない人に分かれてきましたね。ちょっと考えてみてください。次の四つの中で、よいと思うものに手を挙げてください」

A　書かずに提出しない。
B　一〇〇%を目指して提出できない。
C　七〇%でも提出する。
D　一〇〇%に仕上げて提出する。

順番に挙手させると、当然のことながらAに手を挙げる子どもはいません。Dは手を挙げやすいですが、どこかよそよそしさを感じます。多くの子どもがBとCに分かれて、周囲を見ながら手を挙げます。

最後に私は次のように語りかけました。

「皆さんのこれからのよくなりたい気持ちに期待します」

確かにDができればそれに越したことはありませんが、**Bをしながら Cで終わることの方が多いし、そういう気持ちが人を向上させる**のです。

その後、クラス全体の空気がよい意味でぴりっと締まったのを感じるとともに、ノート提出が見違えるように改善されました。期日を守るだけではなく、書く内容も格段に向上したのです。

高学年の子どもたちの空気を引き締めるために必要なことは、**①先手を打っておく、②長引かせない、③子どもの判断に任せる**ということの三点です。

決して、全員を厳しく叱ったり、罰を与えたりすることではありません。ある意味、もう子どもではない彼ら相手に、悪い空気を長引かせたら、逆効果になることもあります。

それよりも、しっかり先手を打った上で、子どもの自主性を尊重し、それぞれの判断に委ねる指導をすることで、クラスの空気だけでなく、自分の力を十二分に発揮しようという子どもの意識変革にもつながるのです。

70%でも
提出する人は?
はい……

子どもの「実力」を信じてみる

ある公立小学校の高学年の学級で、飛び込み授業をしたときのことです。

授業が終わった後、「あの子が発言するのを久しぶりに見ました」と担任の先生が驚いていました。

どうしてか聞くと「実はあの子は少し支援が必要な子で……」とのこと。

なるほど、最近はどの学校に行っても一つのクラスに特別支援学級の子がいたり、そうではなくても配慮を要する子がいたりするのが当たり前になりました。

そのようなインクルーシブ的な環境は、お互いにとってよいことだと思います。そもそも、特別支援（Special Educational Needs）は、**本来どの子にもあるはずで、誰が特別かそうでないかなどというのは意味のない議論**だと思います。

私は何もわからないまま飛び込み授業に入り、その場の雰囲気や子どもの表情から、指名したり活動を指示したりします。何も知らないからこそ、ぐいぐいと突き詰めていって、気が付いたらいつも以上の活躍をする子が登場するわけです。

これは誰にでもありうることです。

私たち教師は、**平等に接しなさいと言いながら、子どもに無意識にレッテルを貼っていることはないでしょうか。**そういう態度は子どもに伝わります。

もしかして、子ども同士で仲間外れや誰かを除外するようなものの見方をしていたら、それは私たち教師の写し鏡なのかもしれません。

そのような、自戒を込めた気持ちで、いつでも子どもに接するようにしたいものです。

もしかしたら、私たち教師は子どものことを理解したつもりになって、「この子はこういう子だからここまでしかできない」と、無意識のうちにゴールを決めてしまっているのかもしれません。

子どもは、それぞれが個性的な存在なのです。個性を尊重するあまり、必要以上に腫れ物に触るような対応は、健全な成長にとってマイナスになることがあります。

ですから、できるだけ教師は子どもを信じ、子どもに任せるということにチャレンジしてもいいのかもしれません。

保護者から信頼される三つの掟

子どもに任せるという方針をとっていることもあり、私は保護者に対しては理解を得る上でもきちんとした対応を心がけるようにしています。

若い先生方に話を聞くと、保護者対応に悩んでいて、最近は本当に信じられないような要求を堂々と突きつけられることもあるようです。しかし、そのような保護者も、クレーマーになりたくてなったわけではないはずです。私は長年の経験上、どんな保護者も基本的には誠意を尽くせばわかってくれる存在だと信じています。

子どもはもちろん、大人だって未完成。完璧な人間などいません。

保護者も教師も、共に育つという意識で接すると、同じ出来事でも結果が違ってくるかもしれません。

私が保護者の方と接する上で大切にしていることが三つあります。

一つ目は、**子どもをとことん愛する**こと。

それが伝われば、どんな保護者でも協力的でいてくださると思っています。自分の子どもを、先生がとても大事にしてくれていると知ったら、親御さんは一緒に子どもを育てる仲間になります。

「あの先生がそう言っているなら任せよう」と思っていただけたらしめたものです。

もちろん、子どもを大事にするというのは、ご機嫌をとり、なんでも言うことを聞くこととは違います。ダメなものはダメ、いいものはいい、これをブレなく見せることです。

子どもはそういう大人の言動をよく見ています。担任していた四年生の男の子から、こんな手紙をもらったことがあります。

「加藤先生は、一緒に遊んでくれるし、何よりもぼくの悪いところがあったときは、しっかり怒ってくれるところが好きです」

子どもは、この人はどこを向いて自分に接してくれているのかを鋭く見抜きます。そして、我が子を愛し、我が子が慕う教師を保護者が認めないはずがありません。

二つ目は、**保護者にきちんと伝える**こと。

保護者会や学級通信では、自分の指導方針をしっかりと伝えます。私は、最初の保護者会で、まず先手を打っておくことにしています。加藤学級経営方針の説明です。こういう方向で指導するので、お子さんのフォローをしていただきたい、という話です。

「私は、安全面とモラル面で大丈夫と判断したときは、あえて『転ばぬ先の杖』を外し、子どもたちの様子を見ます。自分で判断し、解決していく力をつけてほしいからです。

もちろん、この子なら一人でできると判断した場合です。そういうときは、あえて口や手を出しません。

もし、お子さんが家に帰ってから『今日ね、ぼくが困っていたのに先生が助けてくれなかったんだよ』と言ったとしたら、そのことを思い出して、状況を聞いてあげてください。そして、少しフォローしていただけると、お子さんが一歩成長するチャンスになると思います」

全体に周知しておいた方がよい事項や予定はもちろんですが、それ以外にも担任の方針や相談事を話します。たとえば、「今度道徳の授業で家族愛をやるのですが、サプライズで○○をしたいと思っています。ぜひご協力いただきたく……」という感じです。

もちろん、徹底するために手紙や通信も出しますが、直接顔を見ながら話すと、微妙なニュアンスも伝わりやすいです。

三つ目は、**攻めの姿勢をもつ**こと。

保護者に対しては、受け身にならず、どんどんこちらから発信していくことが重要です。何か気になることやちょっとしたケガがあったとき、さりげなく電話でこちらから伝えておく。保護者からの問い合わせがあってから対応するのと、こちらから先に一報を入れておくのとでは、印象に大きな差が出ます。

時間的にも精神的にも余裕がない場合があるかもしれませんが、もめごとになってからそれを解決する手間に比べれば、大したことではありません。

余裕があれば、**メールより電話で話してみる**ようにしてください。

公立小学校に勤めていた私が、やんちゃな男の子の家に電話をしたときのことです。担任から電話があった時点で、お母さんが身構えた感じで受話器を持っている様子が伝わります。

「今日、彼はすごくよかったんですよ……」と話し始めたとたん、「てっきりうちの子が何かしでかしたのかと……」とほっとした様子で話が弾みました。

攻めの姿勢で、こちらからコミュニケーションを取っていくことの積み重ねが、信頼につながり、先々のトラブルの種をなくすことにつながるのです。

保護者会ではとっておきの映像を公開し、安心と協力を得る

保護者会は、担任の思いを伝え、学級での指導方針を理解してもらった上で、家庭でも同じ目線で子どもを見てもらうために必要な場です。

教育というのは、学校と家庭の両輪がないと成立しません。学校と家庭とで違うことを言われたら、子どもたちは混乱してしまうでしょう。学校と家庭とが同じ目線で、子どもたちの成長を見守ることが大切なのです。

そのためには、保護者の方々を安心させ、ご理解・ご協力をいただきやすくしておく必要があります。

私が、保護者会で、保護者に安心してもらうために行っているのが、**「カトちゃんの秘蔵映像！」上映会**です。

最近は、スマホでもきれいな絵が撮れるので、日頃の様子をいつも撮りためておきます。

そして、動画なので、子どもの楽しそうな雰囲気が教室中にあふれて、見ている保護者も自然に笑顔になります。そのときのエピソードを話しながら保護者の方に見ていただくわけです。

保護者の方は、全員自分の子どもが心配です。子どもたちが楽しそうに元気に頑張っている様子を見ていただくことで、安心してもらえるだけでなく、教師を信頼してくれます。「学校でどうしているのでしょうか」という不安に対して「頑張っていますよ」「仲良くしていますよ」という言葉だけでは、どうしても伝わらない部分があるので、**具体的な事実として見せることが重要**なのです。

もう一つ、私が保護者との協力体制をつくるために、工夫していることがあります。それは、**保護者間の連携をスムーズにする**ことです。

ときには、保護者相手の授業をしたり、テーマを決めてグループで話し合いをしていただいたりすることで、保護者の方々にとっても有益な時間になり、今後の学級運営に役立ってきます。

column

1

結果ではなく、過程をみる

先日、公開授業（もちろん道徳の授業です）をしました。そのときに、ある先生から次のような感想をいただきました。

加藤先生のクラスの子どもたちの言葉は、私たちが知っている内容項目の解説とか、指導書に出てくるような言葉ではないことが多くて、それよりもずっと強くて美しい輝きを放って生きていると思います。授業に関しては発問がとか、問い返しがとか、比較がとか、板書の構造がとか、テクニック的なことに目を奪われてしまいがちだけど、もちろんそれも先生の授業スタイルの特長ではあるけれども、問題なのはそこじゃないんだなとこの三日間で私は思いました。

どうして子どもたちがそんなふうに自分の思いを大切にできるのか。

教師が、言葉ではなく思いを大切に受け止めてくれるかどうかなのではないでしょうか。

どんなにへたな説明でも、必ずわかってもらえると子どもたちはわかっています。表面的な言葉の意味を受け取るのではなくて、自分が何を言おうとしているのかちゃんとわかろうとしてもらえるって知っている。先生に大切にされていることがわかっているから、子どもたちも自分の思いを大切にできる。たとえ子どもが変なことを言ったとしても、教師は子どもが何が言いたいのかをちゃんとわかれば大事なことを言おうとしているのだと信じて待てるようになる。

翻って私自身、これまで子どもたちのどれだけの思いを、言葉尻だけ受け取って、わかってあげられずにきたのだろうかと、反省してもしきれません。

授業力のもっともっと前に、大事なこと。それは子どもをみる目。子どもにはそれがちゃんと伝わるのだと実感しました。

私は、この感想を読ませていただいたとき、この先生の視点の鋭さや、子どもを見る目に感動するとともに、「なるほど、自分の授業が目指すところはここにもあるのかもしれない」と、逆に教えられ、そこを意識して授業を行うことで、もっと自らのレベルアップさせることができるのではないかと、目を開かれた気がしました。

みなさんは、いかがでしょうか。子どもたちに何ができたかも大事ですが、何をしようとしているかを見取ることは、それと同じくらい、いやもっと大事な要素があるのではないでしょうか。

わかってはいるつもりでも、なかなか授業レベルでそれを具現化するのは難しいのかもしれないなと思います。だからこそ、意識して子どもたちの発言やその背景を察知する指導者になりたいものですね。

「視・観・察」

論語為政第二之十に次のような一説があります。

「子曰、視其所以、観其所由、察其所安、人焉捜哉、人焉捜哉」

（その為すところを視、その由るところを観、その安んずるところを察すれば、人いずくんぞかくさん哉）

人が何をしているのかを目で視るだけではその本意はわからない。何故それをしようとしているのかという理由を観れば、少しわかってくる。さらにその人がそれをすることによって、心が安んじているかどうか（人は良き心に向かって直であるという人間信頼に基づく心）を察すれば、自ずとその人となりがみえくるものである。隠しようにも隠せない。というように私は解釈しています。

できたかどうかという行為行動のみにとらわれず、その行為行動を生む心、善に向かう心を大切にしたいものですね。

第2章

子どもも教師も変われるクラスを目指す

子どもは変わりたがっている存在である

次ページに掲載しているのは、私が担任した四年生のKさんが国語の時間に書いた「自由詩」です。

クラスの子どもがこんな詩を書いてくれたら、うれしいと思いませんか？　教師も学校に行くことが楽しくてたまらなくなりそうです。

Kさんは普段そんなに目立つことを言ったり書いたりする子ではありませんでした。

しかし、**教師が適切な手立てをとれば、子どもは学校生活や授業を自然と楽しみ出します。**

教師としてこのような子ども理解をもとに、学級づくりをしていくことが大切です。

楽しい

四年生になって分かったのは
楽しいと感じる勉強がある事
その教科が楽しみで　心がウキウキしてくる

三年生までの時　全然きょうみがなかったのに
まるで魔法にかかったように
まるであやつり人形のように
大好きになった

自分は変えられると分かった
その日から　学校に行く事が
楽しくて　楽しくて
たまらない
待ち遠しくて　待ち遠しくて
たまらない

K

① 子どもたちは学びたい、変わりたいと思っている。
② そのような手応えを感じることができる自分に満足する。
③ 質の高い楽しさを理解する力をもち、そこに向かおうとする。

大人はなかなか変われないところもありますが、子どもはすぐに変われます。そして、彼らは変わりたがっています。逆に変わりたがっているのに、変われないことに苛立って荒れてしまう子もいます。

「どうせ自分なんて……」とネガティブに思う方向を教師がちょっと変えてあげるだけで、子どものエネルギーはポジティブに向かうのです。

小手先のハウツーではなく、まずは、このような子ども理解をもとに、子どもの変わりたがる力を生かすことが、学級づくりを成功させる原点です。

本章では、子どもが変わるためにどうすればいいのか、そして私たち教師が変わるにはどうすればいいのかについて、考えてみたいと思います。

学級づくりに役立つグループエンカウンター

構成的グループエンカウンターという、カウンセリング心理学的手法をご存じですか？一九八〇年くらいに日本に入ってきたもので、子どもたち同士がスキンシップするゲームなどを行います。

これを定期的に取り入れることで、「学級づくりに生きた」「不登校が減った」「いじめの軽減になる」など、様々な教育的効果が認知されています。

学校現場では、特別活動の時間枠に行ったり、総合的な学習の時間でのテーマにしたりするのが一般的です。私は、これを学級の時間によく使っています。

授業開きで取り入れると、緊張気味の空気がガラッと変わり、打ち解けた雰囲気になるのです。子どもたちの表情やクラスの雰囲気が和らいでいく瞬間を何度も実感しました。

グループエンカウンターの一般的な流れは、次の三つのステップです。

①インストラクション

事前説明として、子どもに活動によって得られる成果や注意事項を伝えます。これによって子どもは、活動に対する意味を理解した上で積極的に参加するようになります。心構えを前向きにする効果があり、これがしっかりできるとできないとでは、先の流れに大きな差が出てきます。

②エクササイズ

メインの活動であり、子どもたちはこのパートを一番楽しんで行うでしょう。単純なゲームでもよいし、興味あるテーマを用いたグループトークでも構いません。

人気エクササイズの一つ、「トラストウオーク」を簡単に紹介しましょう。

まずは、二人一組のペアを組ませます。一人が目を閉じ、目を開いている方が、教室や校内をガイドし、自分の気に入った場所を目を閉じている人に伝えます。その際、目を閉じている人は相手を信じて相手に任せ、目を開けたり、指示に従わないでふざけたりしないように留意させます。

注意すべきは、教師がしっかりとルールを徹底させて、「よいこと体験」をさせることです。間違っても相手に痛い思いや怖い思いをさせてはいけません。

③シェアリング

エクササイズで得られた「よいこと体験」をもとにして、意味づけして、子どもたちに返す作業です。これがないと「活動あって学びなし」状態になってしまうので、このシェアリングにかける時間は、エクササイズより短いですが、一番大切なパートと言われています。

グループエンカウンターは、「よいこと体験」をしてそこから学ぶという、ソーシャルスキルトレーニングであり、友達同士の信頼関係をゲームを通じ経験することで、緊張感を和らげ、円滑な人間関係をつくる助けになる活動なのです。

1．インストラクション

2．エクササイズ

3．シェアリング

内省する態度を育てる

子どもに任せることは、低学年からでも充分にできます。その代わり、教えるべきことはきちんと教えるというメリハリが必要になります。**子どもたちのために必要な指導だと思えば、場面を問わず行います。**

先日、研究授業のときに子どもたちを注意しました。大勢の先生が参観している中で、子どもたちを集めて説教したのです。このときは、まわりの先生方に自分たちが道徳の授業で学んだことを話しに行くという場面を設けたのですが、そのときの子どもたちの態度がいい加減だったので、「君たち、そんな態度でいいのか！」と怒ったわけです。

先生方にはそれほど悪い態度に見えなかったようですが、私としては、自分たちのクラスの子どもを置いてわざわざ見に来てくださったにもかかわらず、その態度はないんじゃないかと思ったのです。

　すると、子どもたちの態度はガラッと変わりました。教室中がピーンと張り詰めて、皆がグッと考え込む姿勢になったのです。

　それは、**私に怒られて変えたのではなく、私の言葉をきっかけに子どもたちは内省し始めた**のでした。

　自分はこれでいいのか、先生方に対する態度はどうだったのか、と自分自身に問うて、そしてどうするべきかを態度で表そうとしていました。

　それから、子どもたちの先生方に対する態度も変わりました。話す内容は変わらないものの、しゃべり方やその姿勢が真剣そのものになっていました。

　先生方はそのときの子どもたちの様子を「すごいですね。怒られたからというよりも、自分たちで変えなければいけないという意思が感じられました」と感動してくれていました。

　私自身、子どもたちの変化に驚き、感激していました。子どもたちが主体的に育っているからこそ、そういう反応ができるのだと思います。

いい先生を演じない

子どもが成長する姿は、教師にとって何よりうれしいことです。

だからといって、成長を急いで求めてしまうと、指導が綺麗になってしまうので注意が必要です。つまり、マニュアルに走ってしまいがちになります。

そうではなく、**場面ごとに子どもたちと泥臭く一緒に考えていくということを何度もやり続けなくてはいけません**。これは時間がかかりますし、面倒でもあります。しかし、そうすることで子どもたちには着実に考える力や行動力が育っていきます。

面倒くさいかもしれませんが、それをしないと人間は育っていかないと私は思っています。それが人間を育てる教育だと思っています。

ですから、先生が手取り足取り教えてあげるのではなく、子どもが自分で動くのを待ってあげる必要があります。

もっと言うと、教師は「いい先生」を演じようとしてはいけません。子どもはいい先生を求めていません。**わからないことは「わからない」と言える、間違ったときは「ごめん、間違えた」とちゃんと言うことができる、そして子どもたちに自分でやるべきことは自分でやらせる、一人の人間として子どもに対峙できる教師を目指すべき**です。

子どもはきちんと見てくれているものです。自分のことを思って一生懸命になっている大人は信用してくれる。その人の言うことなら聞こう、と思ってくれます。

だから、理屈で諭して力づくで子どもを押さえつけるのではなく、いかに「この人の言っていることなら」と思わせることが大事なのではないでしょうか。

いまは、なんでもマニュアル化してしまう風潮がありますが、そうではなく人間力が問われている時代なのではないかと思っています。

教科書や指導書のことをそのままやろうとするのではなく、「これってどういうことなんだろう」と自分で考えてチャレンジしていく。もっと人間くさくなって子どもに臨めば、学級も学校ももっとよくなっていくのではないでしょうか。

自分から積極的に動ける人間に育てる

私は教師になる前、千葉真一氏が創設したＪＡＣ（ジャパンアクションクラブ）養成所に入り、舞台俳優を目指していました。ちなみに先輩には、真田広之さんや堤真一さんなどがいました。

私にとっての初舞台の前日。これから一ヶ月の公演に備えて、みんなで劇場の準備をします。現地に到着し、各自が手慣れた感じで準備を始めました。

養成所に入ったばかりの私は、はじめてのことでどんな様子かわからず、戸惑いながら立ち尽くしていました。

その様子を見かねた先輩が声を上げます。

「なんで何もしないで立っているの？」

「え……でも、何をしたらいいかわからなくて」

「だったら聞けばいいじゃん。何もしないなら来た意味ないよ」

厳しい叱責に、私はただ頷くことしかできませんでした。

そうです。**この世界では、指示待ちの人間などいりません。**準備から本番は始まっていて、常に真剣勝負。さりげなく自分らしさをアピールしながら、自分にしかできない仕事をしろ、ピンチをチャンスに変えてみろ。様々なメッセージがひしひしと伝わってきました。これが現場なんだなと思うと同時に、座学では学べないことを経験した初舞台でした。

いまにして思えば、この時期に経験したことが人生の糧になっている気がします。もう三十年も前のことですが、その緊張感、張り詰めた空気は、昨日のことのように蘇ってきます。

大人になって社会に出たとき、自分の力で道を切り開けるようになるためには、自分で考え、自分から動いていけるようにならなくてはいけません。それはどんな職業に就いても同じでしょう。

折に触れて私は、子どもたちに自分の経験談を交えながら、その大切さを伝えるようにしています。

うるさいクラスは大歓迎！

私のクラスを参観に来た先生がよく言うのが、「先生のクラスは元気ですね」。実際、私のクラスは他のクラスよりもうるさいかもしれません（笑）

ただ、いつも騒がしいというわけではありません。大事なときにはピシッと聞ける姿勢を取れます。そこはきちんと切り替えができています。

私は規律のある賑やかなクラスというのは、**子どもが素直に自分のことを話せる空間になっている**と思っています。なので、授業中でもみんなで考えなくてはいけないときは、「これは違うんじゃない？」「そうじゃない、こう思うよ！」「わかった、先生、こうだよ！」といった自分の意見がポンポン飛び交うことを歓迎します。

「意見を言うときは手をピッと挙げて指名を受けてから発言しよう」「発言したらみんなで拍手」などという指導もありますが、私はその反対かもしれません。

わからなかったら「え〜！」「わかんない！」、考えているときはぶつぶつと独り言……。でも、私はこれが本来の人間の姿だと思っているのであまり気にしません。むしろ、こういった騒がしさは大歓迎です。

子どもにわかりきったことを言わせてみんなで喜んでも、本当に考える力は育ちません。道徳の授業ではそういった要素が多分にありますが、そうではなく、もっと考えて、素直に自分の意見を言えるような授業を目指さなくてはいけません。

そのためには、**私自身も素直になって、通り一遍の質問はせずに、思ったことをそのまま聞く**ようにしています。子どもたちから馬鹿にされるような質問だって構わずしします。

私は子どもたちから一目置かれていると思いますが（先生ですから、当然ですよね）、一方で対等に見られているとも思うのです。だからこそ、本気でぶつかっていける。お互いに言いたいことが言える関係ができているのかもしれません。

このあたりは教師の人間性なので、人それぞれでしょう。ですから、自分に合ったスタイルで子どもと接していただくのがいいと思いますが、大事なのは人としてきちんとぶつかってあげることではないでしょうか。

子どもから教わる教師になる

ある日、子どもたちから誕生日カードをもらいました。その中に、こんなことを書いてくれた子がいました。

先生の好きなところ
・いつも笑顔で私たちのことを見ていてくれる
・いつも遊んでくれる
・授業がおもしろい

読みながら、もっともっと頑張ろうという気持ちになりました。
正直言って、いつも笑顔ではいられないし、子どもたちと遊んであげられない日もあります。いくら経験を積んでも、毎回うまくいったと言い切れる授業ができているという自信もありません。

けれど、そうありたいと思っていることは事実です。そうありたいと思って努力していることに対して、肯定的評価をされるとスイッチが入ります。

褒めて伸ばしながら、教師が子どもを育てていくわけですが、教師である私の方が、子どもにスイッチを入れられてしまいました。

「ああ〜、子どもに育てられている」と思ったことはこれまで何度もあります。

授業中、子どもたちが「先生はどう思うの？」と、一人の人間・対等な学習者として意見を求めてくることがあります。

それまで「教えなければいけない」「一時間でなんとかまとめなくては」と思ってキリキリしていた自分が恥ずかしくなり、**「そうか、自分のこととして考えていいんだよな、一緒に学ぶことがあるなあ」と肩の力が抜けてきます。子どもと一緒に考え議論しながらおもしろい授業をつくりあげることができる**のです。

もちろん、授業として一定の学習意図のもとに行っているわけですから、ねらい設定は必要ですし、教師はしっかり指導すべきです。

しかし、だからこそ、子どもから教わるという姿勢は必要だと思います。

子どもは、真っすぐで敏感です。子どもたちの方が、大人より柔軟で素敵な発想をすることが多いでしょう。行動力も世間体を気にする大人より、子どもたちの方があるかもしれません。

道徳教育に限って言えば、そのような子どもたちに「しつける」「足りない部分を教える」という発想よりは、**子どもたちから「教えてもらう」「引き出す」という発想の方が、本質的なものに迫りやすいのではないか**と考えています。

余計な処世術が入っていない分、道徳性は子どもの方が高いのではないでしょうか。そんな子どもたちの道徳性の評価など、おこがましい限りです。

なるほど！
そうか
……だと思います！
うん、うん

忘れ物が多い子への対応

いい子なのに物の管理ができないとか、着替えが遅いとか、何度言っても忘れるとか……「常習犯」っていますよね。

これはもう、努力でどうこうできる問題ではないと思うこともあります。加えて家庭環境の問題もあります。子どもがどんなに意識しても、保護者が用意してくれなければ持って来たくても持って来ることができない、ということもあるでしょう。

忘れ物は、このようにすべて子どもの責任に転嫁してしまうことには注意が必要です。全体の前で注意するときも、個人的に追い込まないように気を付けましょう。

それらを理解した上で、忘れ物が多い子をどうすればよいでしょうか。

まずは、**忘れ物をすると自分が不利益を被るということを事実として理解させることが大事**です。かといって、学習道具を忘れた子どもを置き去りにして、授業を進めるわけにはいきません。私は、忘れた子どもには、忘れたものにもよりますが、次の三つを励行するよう指導しています。

①きちんと自分の言葉で忘れたことと、今日はどうするのかを報告する
②忘れたことを挽回するために何をするかを考え、自分から動く
③同じ忘れ物をしないために、どのような手立てをとるかを具体的に考える

①は、たとえば教科書を忘れたら、その旨を言い、授業ではどうするか、隣の人に見せてもらうのか、先生に借りたいのかなどを考えさせます。

②は、隣の人に見せてもらいたいなら、自分で頼むようにさせる。教師が仲立ちしなくてもそれくらいはできるでしょう。できなければいけません。

宿題ならば、自分の自由な時間を使って取り組ませます。「先生、宿題を忘れたので明日でいいですか？」「まだ時間があるでしょう、今やりなさい」みたいな感じです。

③は、連絡帳に書くのか、書いても忘れてしまうならどうするかを考え、アドバイスをします。

忘れ物をしても、それをプラスに捉えて、子どもの成長につながるように変えていきましょう。

宿題がわりの日記で指導の参考にする

宿題はなぜ出すのでしょうか？

授業中にできなかったことを補足する意味で行うのは、ちょっと違います。

人間は忘れる生きものです。一度わかったつもり、覚えたはずのことでも、時間がたてばいい加減になりますし、学んだことは何度も繰り返して習熟するものでしょう。ですから、時間を空けて、繰り返し考え直したり練習したりするためというのも理由の一つです。

また、個人的に得手不得手があり、均一に時間をかければ誰でも予定通りの学習効果が得られるわけではありません。

教育は、プログラミングではないのです。だからこそ、**自分の時間を使い、家庭の協力も得ながら自主的に取り組ませることが基本**です。

このような予習、復習の意味を子どもたちや家庭に知らせた上で、やり方・分量・期限を伝えます。期限を付けて出した宿題は、提出をきちんとさせます。出せなかった場合、理由とこれからどうするつもりかを言いに来させます。

まがりなりにも約束をしたわけですから、自覚と責任感をもたせる意味でも自分の言葉で説明させます。

ただ、宿題で提出したものを評価の材料にするのは慎重にしましょう。保護者の手が加わっていることがありますから。また、きちんと徹底させるとは言え、忘れた子の名前を掲示するようなことはやめた方がよいでしょう。

私は、**宿題の代わりに日記を書くことを課題にしています**。毎日ではなくても、提出する曜日を決めて取り組ませます。

日記を書かせると、子どもたちの日常の生活や考えていることがわかり、一人ひとりの子ども理解にもつながり、学習と日常生活のつながりが見え、指導の参考になります。

低学年のうちは保護者にコメントをお願いする場合もありますが、強制・義務にならないように留意しましょう。

六年生の日記を紹介しましょう。

（Aさんの日記）

最近「自由」なことが増えた気がする。清里合宿など、加藤先生はあまり口出しをしない。これは、まさに自由であると思った。自分で考え、行動する。他人任せでなく、自分でやるのだ。

自由、それは自分のことを知り、自己管理できて、その行動を何のためにやっているのかがわかる人が自由に生きている人ではないのか。

自由はある意味、決まり事がたくさん集まったものだ。それを言われなくてもできるのが自由だ。このように見ていくと、自由が嫌なことに聞こえてくる。それはまだ甘えているのだ。

親、先生に。自分で何かをするということが楽しくてうれしくなったときに、自由な人、つまり大人になれるのではないだろうか。

私はこのAさんの日記を学級通信に載せました。そして、Aさんの日記を読んだBさんの日記が次です。

(Bさんの日記)

私は、このAさんの日記を見たとき、ビックリした。普通に言っている「自由」が、このように書けるなんて。

「自由」のことだけでこんなに密度の高い日記が書けるAさんは、本当に考えられているんだと思う。

私はこれができていない。正直言って悔しい。うわべだけの自由の人だったから。そう簡単にはできないと思うけど、一つひとつクリアしていきたい。

日記指導を続けていると、**次第に本質的な、みんなに読ませたいと思うような鋭い洞察をする子が出てきます**。そういった子の日記を学級通信などで紹介してあげると、クラス全体の底上げにつながります。

宿題を出すことも大事ですが、たまには日記にも注目してみませんか。

「頭の悪い」教師になる

人間は誰でも「知ったかぶり」をしがちです。確かに知らないより知っている方がいいですが、「知っている」ということはどういうことかを考えると、そう簡単には定義できません。

何かを知るということは、**本質を貪欲に追究していき、わかったつもりを覆すということ**かもしれません。

これはどの教科・領域の学習にも当てはまることですが、特に道徳の授業では大切なことで、既定路線のわかりきったことを言わせても、全く意味がないと思っています。

子どもを本気で考えさせるために、授業中にこんなやりとりをすることがあります。

加　藤「え、ちょっと待って。わからなくなってきた」

子ども「先生、大丈夫？ついてきてる？」

加　藤「あ、わかった！　こういうこと？」

子ども「違う違う！　ちょっと前に出て説明していいですか？」

これでは、もうどちらが先生かわかりません。でも、実は子どもたちだって、全部わかっているわけではありません。こうやって調子に乗りながら、考えをまとめているのです。

「おや、これは一筋縄ではいかないぞ」

「どう考えたらいいのだろう」

ここまできてはじめて子どもたちは、自分で考え始めます。これが、わかっていなかったことがわかったことであり、「無知の知」というものです。

このような状態になってこそ、新しい価値観を見いだし、受け入れることができます。

子どもの考える力を引き出すために、**教師自らがわからない自分を演出するのも有効な一手**です。これは半分演技、半分本気です。

真剣に考えようとする姿を子どもに見せ、共に学ぶ姿勢で授業に臨むことで、新鮮な発見や感動に出くわします。そんなとき、子どもってすごいな、学ぶことは楽しいなと心から思うことができます。

休み時間は一緒に遊んで学級づくり

「先生、昼休み一緒に遊ぼう！」

もちろん、教師にはいろいろな仕事がありますので、子どもと遊ぶのは余裕があるときに限りますが、誘われると遊びに行きたくてソワソワしてしまいます。**一緒に遊ぶことは学級づくりの面でもとても有効**です。

遊びの場という別の環境でのぶつかり合いをすることで、子どもは教室での授業を通した触れ合いだけではわからない別の面を見せてくれます。

「ああ、あの子はこんな一面があったんだ」

「甘えん坊だと思っていたけど、意外とリーダーシップを発揮しているぞ」

「やっぱりまだ自己中心的なところがあるな。さりげなく言ってやらないと」

など、子どもの本質が垣間見え、今後の円滑な学級づくりに役立つことでしょう。

校庭で遊んでいると、「ぼくも入れて」と言ってくる子がいます。子ども同士だと「○○ちゃんに聞いて」などと面倒くさいことになることもあるのですが、**私が「いいよ！」と二つ返事で入れてあげるので、どんどん仲間が増えます。**

入れてと言えずに、そばで見ている子もいます。そういう子たちにはこちらから声をかけ、どんどん仲間に引き入れましょう。

ときには他のクラスの子どもが加わってくることもあり、自然に普段一緒にいるグループとは違う関係性が生じます。

普段とは違う遊びの中で交流が生まれ、新しい人間関係が発生してくるのです。このような休み時間の「異種交流」は、授業中のグループづくりを円滑にし、その後にもいろいろよい影響を及ぼします。

もちろん、子どもたちだけの世界も大切にして、立ち入らない、子どもたちの自由な時間を確保してやることも大事です。でも、子どもたちが許してくれる限り、教師も一緒に遊ぶと、どんどん絆が深まってクラスに一体感が生まれてきます。

この一体感を一度つくることができれば、その感覚を授業にも生かすことができるでしょう。

子どものサインを見逃さないコツ

子どもは様々な場でいろいろな方法で、サインを出しています。教師はそれをキャッチし、意図をくみとってやらなくてはいけません。子どもにとって、必要な手立てや声かけをしてあげられるようにしたいものです。

子どもたちのサインの出し方は、大きく分けて四つあります。

①ポジティブサイン

「先生あのね～！」と、子どもの方から声をかけてくれるものです。

低学年の子どもの場合は、世界が自分を中心に回っているので、露骨に他者を押しのけて話に割り込む子がいます。そんなときは、こちらで制止してあげるのも優しさです。すべてを全力で受け止めるのではなく、時と場合によって、対応を変えていきましょう。

②ネガティブサイン

「やりたくない、嫌い」という雰囲気は、確かに空気を悪くしますが、「できるようになりたい、好きになりたい」の裏返しのこともあります。好きと嫌いはベクトルが違うだけですから、うまく持っていけば、そのエネルギーの分、大嫌いが大好きに逆転することもあります。

やりたくないと思っている理由をきちんと聞いて、子どもの本音を見逃さないようにしてください。

③無関心サイン

ある意味、これが一番やっかいです。申告がありませんから、目立たず、キャッチしにくい。ですから、常にアンテナを張り、気付かぬふりをしてよく観察しましょう。

授業中で言えば、手を挙げないでぼうっとしている子がこれに当てはまります。無関心である子を置いてきぼりにして見過ごしていたら、よい授業も学級づくりもできないでしょう。

④助けてサイン

子どもが助けを求めているとき、その変化が体調に現れることもよくあります。お腹が痛い、足が痛いなど……。手遅れになる前に、保健室に連れて行くなど、迅速な対応をとってください。

一方で、皆に構ってほしいときも助けを求める子がいます。

以前、転んでケガをしたから、「足が痛くて走れない」という低学年の子がいました。あまりに長引くので、心配になって聞いてみると「本当は痛くなかったけれど、痛がっているとみんなが心配してくれてうれしかったから、痛いことにした」と、正直に告白してくれました。

このように、子どものサインは、いつもストレートに来るわけではありません。振り回されないよう、見逃さないように、子どもをしっかりと観察しましょう。

1．ポジティブサイン

2．ネガティブサイン

3．無関心サイン

4．助けてサイン

子どもたちだけでつくる学芸会がクラスを成長させる

学芸会などの学習発表会は学級づくりの最高のチャンスです。時間をかけて作品を共に創り上げる連帯感、あきらめずに努力して成功する達成感、互いを理解し合う心……。

クラスの仲間との共同作業を通じて、子どもたちは大きく成長します。

私が担任していた三年生は、発表会をするときに、それぞれプレゼンし、アイディアを出し合いました。私は特に意見を出さず、涼しい顔で見守っています。

熱いプレゼン大会の結果、劇、ダンス、歌の三つが選ばれました。

選ばれて喜ぶ子、悔しくて涙する子。思いは様々ですが共通しているのは、自分事として主体的にかかわっているということ。

先生が決めたことをやらされているわけではないので、とにかくみんな本気で前のめりなのです。

次に劇のテーマ、どんな踊りにするか、何を歌うのかを、子どもたちがみんなで話し合います。このとき、監督が決まり、監督と学級会係が中心になって話し合いを進めていきました。

ダンスは高学年が以前披露したＡＫＢ48の「恋するフォーチュンクッキー」をすることになり、その指南を上級生に交渉しに行く頼もしさです。

私は教師になる前、舞台俳優をしていたのですが、子どもたちの舞台稽古は、そんな私でも驚くほどの真剣さ。通し練習の後に子ども同士で、毎回厳しい「ダメ出し」を行い、回数を重ねる度にレベルアップしていきました。

こうしてできあがった創作劇。

その達成感に子どもたちだけでなく、私も涙が止まりませんでした。

総合や朝活、放課後の時間をすべて使い、頑張ることができたのも、**自分たちの手で創**

り上げるという強い意志があったからです。

個人の成長だけでなく、クラスの結束力も高まり、お互いを認め合うクラスとしても成長できる機会になりました。

子どもたちが自ら考え、強い意志をもって臨んだとき、きっと奇跡は起きるものです。

せっかくなので、本番だけでなくメイキング動画も撮りためて、ＤＶＤに編集しました。保護者も大喜びの、かけがえのないクラスの思い出の完成です。

劇の打ち合わせをする子どもたち（上）。劇づくりでの集合写真（下）

ときには追い込むことで個の力と団結力を引き出す！

「先生、今日は絶好のキックベース日和ですね」

ある日の朝、五年生のクラスのムードメーカーのB君が、午後の学級の時間、キックベースをやりたいというクラスメイトの雰囲気を察して私に交渉しに来ました。

まんまと彼らの策略に乗ってもいいかなとも思いましたが、ここでちょっといたずら心に火がつき、こう言い返しました。

「じゃあ、B君が二重跳びを四十秒跳べたら、やることにしようかな」

これまでの彼の二重跳びの連続記録は平均十秒。普通に考えたら、できるわけがありません。あっけにとられる表情を見て、私も言い過ぎたかなと思いましたが、予想に反して、彼の猛チャレンジが始まりました。

中休み、昼休み、もくもくと練習するB君。そして、ずっと寄り添い「頑張れ！」と応援する仲間たち。午後には計画していた誕生日会の出し物にまで「Ｂ君の二重跳び」が組み込まれていました。

そして、午後の学級の時間が始まる前に、「先生！　Ｂ君が三十七秒飛べたよ」と友達がうれしそうに、教室に駆け込んできました。一日で、普段の記録の三倍以上飛べるようになったのは驚異的です。

私はその努力に感服し、妥協案を出しました。

「四十秒跳べたらキックベースをやるという約束だったけれど、それに近い大記録を出しました。三十七秒にちなんで、三十七分間キックベースをやることにしましょう」

この提案は、彼への賞賛とともに、クラスメイトみんなに歓迎されると思っていたのですが、子どもたちの反応は違いました。

「先生、Ｂ君が四十秒跳べるまでキックベースはやらなくていいです」

これには、参りました。この後、土日にさらに練習した彼は、翌週に目標だった四十秒を達成し、クラスのヒーローになりました。

なぜ彼は、何年間も練習してできなかったことを、たった数日で成し遂げたのでしょうか。

その理由は、よい意味での追い込みの効果だと思います。

今回の場合のように教師が行う場合もありますが、**子どもたちの中に切磋琢磨する環境があると、教師が何もしなくても、子どもが自然に自分を追い込み、飛躍的な力を発揮することがあります。**

そのためには、それを行う必然性と温かい学級が必要です。大記録を達成するというドラマが生まれたのは、彼の「なんとかしたい」という気持ちがあったからこそ。そのような必然性、刺激を与えるのは教師の役割かもしれません。

そして、そんなドラマを生み出すためには、個の力だけでは限界があります。仲間がいるからこそできることがあるのです。いい仲間というのは、ときに厳しく自分を鼓舞してくれます。

「B君が四十秒跳べるまでは我慢する」

この言葉のなんと厳しく、そして優しいことでしょう。

後日、B君は、「あのとき、クラスの誰か一人欠けていても、ぼくは跳べなかったと思います」と笑顔で語ってくれました。

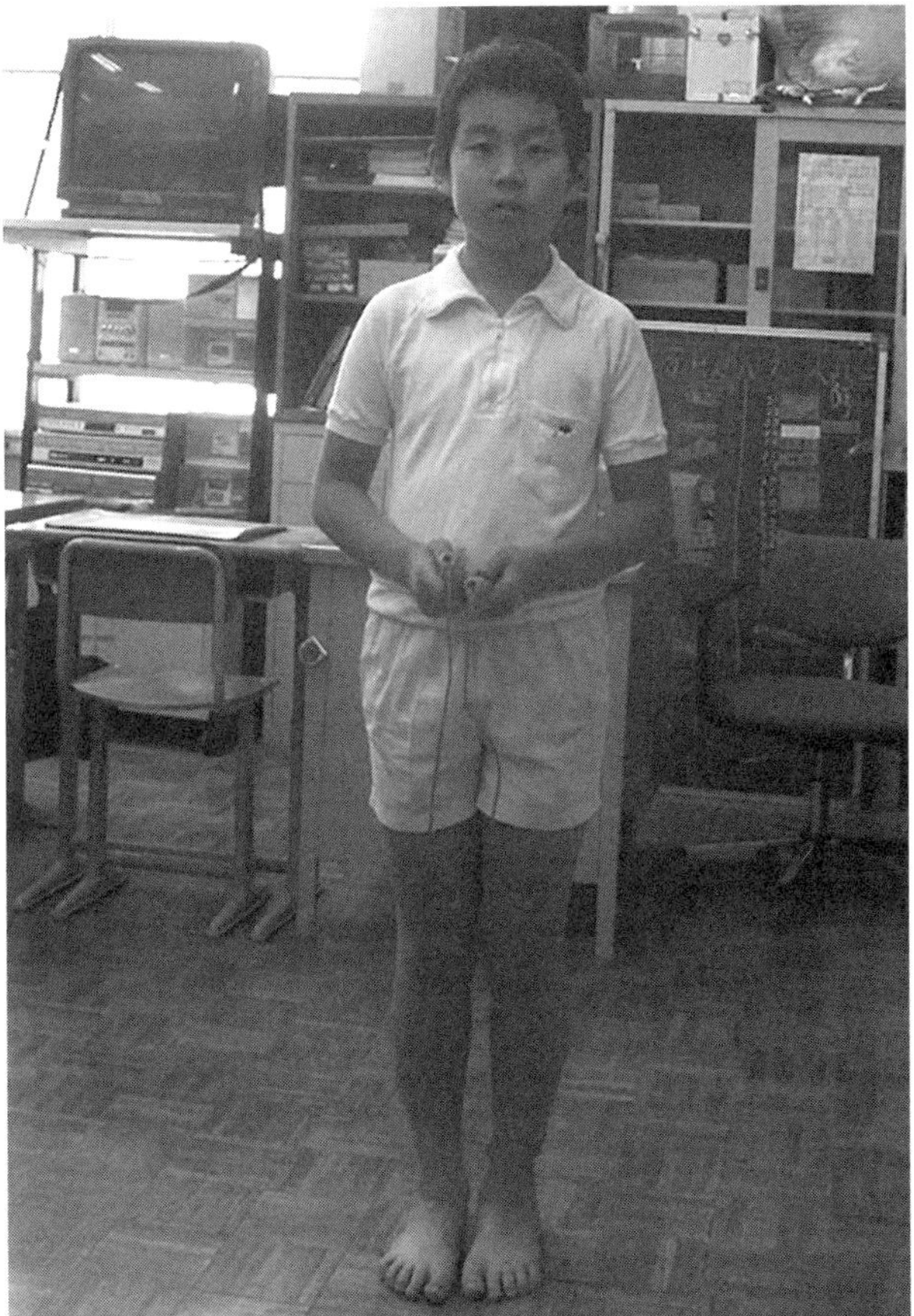

二重跳びを四十秒続けることに成功したB君

奇跡は挑戦の先にしかない

ある日、男女混合でドッジボールをしていたとき、強い球を投げることで一目置かれている男子が投げたボールが、女の子をめがけて飛んできました。

誰もが「危ない！」と思ったその瞬間、思わず手を出した女の子の手の中に、ちょうどうまくボールが収まったのです。

「おお〜！　ナイスキャッチ！」と叫ぶ私。そして、すかさず全員を集めて、話をしました。

「いまのは、ナイスキャッチでした！　まぐれだったかもしれないけれど、逃げていたらまぐれも起きないのです。Kさんがなんとか捕ろうと思って一生懸命手を出したからこそ、できたことです。これからも失敗を重ねてうまくなりましょう！　チャレンジして奇跡を起こせ！」

私は子どもに失敗を恐れず挑戦する人間になってほしいと思っています。

ですから、ドッジボールをするときは、「失敗してもいいから、捕ろうとしなさい」「よく考えて投げなさい」とアドバイスします。

それは授業でも同じです。間違えたら嫌だからといって意見を言わなければ、その子の成長はそこで止まってしまいます。

ドッジボールでも、授業でも、この先の人生でも、受け身にならずになんとかしようと自分でいろいろ試さない限り、何事も上達していきません。

ちょっと大げさですが、Kさんのナイスキャッチのような奇跡は、必ず挑戦の先にあるものなのです。

column

2

違う意見が喜びになる

これは、私が道徳教育指導法を教える大学の学生の感想です。

（道徳の授業をしていると）本当に勝手に火がついて、まわりの意見が気になり、まわりの意見が異なる授業が大事なんだと気がついた。今までは、まわりの意見と違うことが嫌というか恐くて気になっていたことが、このタイプの授業では、違う意見だからこそ気になるし、聞きたいと思い、初めて違う意見が喜びになった。

素敵な感想だと思いませんか。このような学習者が集まる学級だったら、互いに言いたいことを言い合い、自分一人では到達できない境地にまで、みんなの力で容易にたどり着くことができそうですね。これが集団の力です。同じ課題、刺激を与えても、このような学習集団だったら、どんどん深めていくことでしょう。一時間の授業でどこまでいけるか、楽しみです。

そしてこれは当然のことながら、小学生にも当てはまります。自分の考えを言いたい、聞いてほしい、友達の意見も聞きたい、そのような「〜したい」が飛び交う学級は、互いの違いを認め合い、異質を受け入れる土壌ができています。これは授業をしながらつくり上げることでもありますし、これがあるから授業の質が高まるということもあるでしょう。つまり、相互作用、車の両輪なのですね。

私の担任する学級の子どもに、こんなことを書いた、四年生のKさんがいます。

> 勇気を出して一回手を挙げて自分の意見を言ってみたら、「え〜、何その意見」などというような言葉がかからずに、みんなが理解してくれる、そうわかったので、道徳の授業も好きになったし、必ず一回は発表できるようになりました。
>
> （四年　K）

Kさんは、はじめのころは積極的に発言するタイプの子ではありませんでした。それが周囲の子どもたちの反応によって、次第に自信をつけていきます。そして、五年生になると、その意識はさらに高まります。

> 自分が意見を言ったときに「そうじゃなくて」と言った人や「それにつなげて」と言った人たちの意見は、私の意見を大きくふくらましてくれて、自分にとってうれしかったし、「その意見はいいなあ」と納得できる意見だった。（五年 K）

自分の意見を受け入れてもらって喜んでいた四年生時代からさらに進化して、自分の意見と違う意見を出してくれた友達に対して、「私の意見を大きくふくらましてくれて」というように、非常に肯定的に受け止めることができるようになっています。自分に自信がついてきたのと、もっと深く考えたいというテーマに触れているのと、このクラスだったらもっと深く、よりよく考えられるだろうという期待とが感じられるでしょう。

異質を認める、みんなでもっと高みを目指すという価値観を共有する学級の底力、これはいじめ防止にもつながるものではないでしょうか。

第3章

素直な子どもを育てるための授業づくり

授業づくりと学級づくりは表裏一体

人間の本性は、大きく分けてプラスの方向とマイナスの方向の二つがあります。道徳に限らず、教育現場では前者を大事にしたいものです。マイナスの方向に視点を当ててしまうと、子どものできない部分を矯正するというイメージになってしまいます。道徳授業でそれを行ってしまうと、とたんに授業はしつけ、児童指導的性格が強くなってしまいます。それでは子どもは変わりません。

もともと道徳には「できて当たり前」の約束事という認識が強くあります。そしてそれがあることを前提として授業が行われることが多いのです。つまり、授業前から無言のプレッシャーにさらされているということです。

たとえば、きまりを守らなければいけないことは誰でも知っています。ですから、子どもたちに「きまりを」と聞けば「守る！」と答えるでしょう。

けれど、「なぜ？」と問い返すと、「それがきまりだから」「守らないと怒られるから」「守らないとケガをする」などという答えが返ってきます。

ちょっと気の利いた子は「みんなが気分よく暮らせるように」などと言うでしょう。

そして、きまりを守らなくてひどい目に遭った話や、逆に守ってよい気分になった話を読み、「皆さんもこれからきまりをしっかり守って、楽しい生活を送りましょう」などと締めくくり、「きまりを守るためにポスターを描きましょう」といった活動に移行します。

このような**結論ありきの授業では、子どもたちの心や価値観を揺さぶることはできません**。なぜなら、きまりを守ることが大事だとわかっていても、守れないのが人間だからです。

大切なのは、**「きまりだから守るのか？」をきちんと問うこと**。

きまりだから守るとしたら、だったら「きまりじゃなければ守らなくてよいのか」ということになりますよね？　そうやって突き詰めていったとき、やっと人は、考え始めるものです。これは道徳であり、哲学です。

このように、きまり本来の意味や目的について、道徳の時間にしっかりと考えることが、子どもたち自身の実生活、つまり学級づくりにつながります。

強制されて守るのではなく、自主的に守るのです。このような学級文化があるクラスでは、明確なルールが次第に減っていくことでしょう。言わなくても、明示しなくても、守るべきは守るからです。

本章ではあえて授業づくりの観点から学級づくり、素直な子どもを育てるための方法を紹介していきます。

子どもの「パワー」を解き放つ

子どもがどんどん発言して授業がつくられていくと、私自身とても感動します。子どもたちを誇りに思いますし、それを多くの先生に見てもらえるのも光栄に思います。

ただ、たまに子どもたちの様子を見て、「筑波小の子どもたちだからできる授業じゃないですか」とおっしゃる方もいます。確かに、筑波小の子どもたちの中には優秀な子もたくさんいます。でも、それが理由ではありません。

私たちは、普段からいい意味で子どもの「パワー」を解き放てるように育てています。子どもたちを丸め込むのではなく、**そのやんちゃさ、騒々しさ、そういった彼らの「パワー」を生かしながらクラスをつくっています**。それが子どもらしさを担保し、彼らの素直な考えを引き出していると思っています。

ですから、決して筑波小だからできるというわけではありません。公立小学校の子どもたちでもできます。

実際、飛び込み授業などで公立小学校にお邪魔したときでも、子どもたちはどんどん発言してくれるようになります。最初は、何を考えたらいいのかわからなくてパニックになっていても、一時間たつとどんどん話し出してくれることが多いのです。たった一時間でコロッと変わります。

担任の先生から「あの子は、これまで全然話さない子だったのに、どうやったんですか」と聞かれたこともあります。正直に言うと、どうやったのか私にもわかりません。ただ、授業中のその子の様子を見て、「いま、何か言いたそうだな」と思って指名しただけです。

私は**子どもから想定外の発言が出てくることを恐れることはありません**。むしろ、それが大事だと思っています。だからこそ、遠慮なく誰でも指名できるのかもしれません。

どんなことでも受け入れる姿勢を教師が見せると、子どもは安心して話してくれます。

これは授業でも普段の生活でも同じです。

そうやって毎日を過ごしていくと、子どもたちは教師を信頼してくれ、自然と発言できるようになります。**子どもの「パワー」をそのままに、子どもは子どもらしく、でも子ども扱いせずに育てる**。それが、私の教育論です。

子どもの「聞きたい」を引き出す

以前、ある学校で飛び込み授業をしました。そのクラスは高学年で、学習規律がきちんとしていました。返事は「はい！」、誰かが意見を言うと全員が「いいと思います！」と合わせる……。とてもよい雰囲気なのですが、同時にちょっと物足りなくも思いました。さすがの私も途中で「ちょっといい？ いま、みんな、いいと思いますって言ったけど、何がいいと思ったの？」と聞いてしまいました。すると、誰も何も言いません。そこで私はその型を一旦すべてなくして、自由に振る舞えるような雰囲気を演出して授業し直しました。

児童指導的学習訓練は、大きく二つに分かれます。**形から入るケースと、中身から入るケース**です。人によっては、やりやすく即効性があり見栄えもいい、前者を選択するかもしれません。特に低学年はしつけの問題もあるので、なおさらです。

「手はおひざ。発表する人の方におへそを向ける。誰かがしゃべっているときは口チャック」といったことを徹底しておけば、しつけはバッチリ。授業もしやすく楽かもしれません。でも、それだけだとクラスはずっと型にはまったままで進んでしまいます。

私の場合は、低学年のクラスでも後者で指導することが多いです。もちろん学習訓練的要素も必要に応じて入れながらですが。**子どもに黙って聞かせたいと思えば、そう指導するのではなく、黙って聞きたいと思わせる展開を、あるいは発問を考えます。**子どもを追い詰めて、概念を崩して「え〜、わからなくなってきちゃった。あ、あの子が何か言っている、なんだろう」と思わせたら、「聞け」と言わなくても聞くでしょう。

昔、ノートを全然書けない一年生の子がいたのですが、その子が道徳の授業ですごい発見をして、クラス全体が盛り上がったことがありました。すると、その日の感想文で、なんと五ページ以上も書いてきたのです。

そのノートを見たとき、私はその子の可能性を引き出すのは、型を教えたり課題を与えることではなく、その子の「書きたい」という意欲を引き出すことだと改めて思いました。

スイッチを入れてあげると、子どもは変わります。教師はそれをいかに見つけて押してあげられるか、あるいは自分からスイッチを押すように仕掛けられるか、が大事ではないでしょうか。

それはどうして
そう思ったの？
どうしてって……

子どもの発言をちゃんと聴く

学級担任として、普段から私が心がけていることは、**「子どもの発言をちゃんと聴く」**ということです。

「当たり前！」という声が聞こえてきそうですが、簡単にはできないものです。実際、「ちゃんと聴く」ということは、どういう聴き方をすることなのでしょうか？

高学年で親切・思いやりの授業をしていたときのこと。

「最後のおくり物」という定番教材では、自分のことを二の次にして若者に親切にするおじいさんの姿が感動的に描かれています。

子どもたちは、「親切を飛び越えて、とても優しい人」「自分にはできないな」と言い合っていました。

すると、一人の男子が、「もしかしたらこのおじいさんは偽善者かもしれない」と言い出しました。

ドキッとしました。

偽善者という言葉のもつマイナスイメージの強さが、これまでの温かい話し合いをすべてひっくり返してしまうような気がしたのです。

ところが、気色ばむ私をよそに、周囲の子どもたちは比較的冷静にその言葉を受け止めている様子です。

ここで私が取り乱したり、問い詰めるような対応をしたりしたらよくないと気を取り直し、彼の発言の真意を聞いてみようと思いました。

「どうして偽善者なの？」

「だって、このおじいさんがしたことで、若者は自分が頑張らなくてもなんとかなると勘違いして、甘える心が生まれてしまったかもしれないから」

彼は「偽善者」という言葉を、悪い意味で使っていたわけではありません。もちろん、使い方は間違っていたかもしれませんが、おじいさんの優しさを認めた上で、本当にそれが相手のためになっていたのだろうか、という疑問を提示していてくれたのです。

これこそが、多面・多角的な視点での話し合いではないでしょうか。

もし私があのとき、子どもの発言を否定し、無視していたら彼の真意はわからないままで、話し合いが広がることもなかったでしょう。

「子どもは子どもの言葉で理解する」

「子どもの発言には必ず意味がある」

「わからなくなったら子どもに聞け」

わかっていたつもりでしたが、改めて肝に銘じた瞬間でした。


授業には、ねらい設定や指導の目的があって当然です。しかし、教師の思いが強すぎると、無意識のうちに子どもの発言を「選別」するようになってしまいます。

それが表情や態度に出てしまうと、子どもたちは教師の顔色をうかがいながら発言するようになってしまうでしょう。


教師が予想もしなかった発言や、期待するものと正反対の意見でも、**「そう思ったのか、それはどうしてかな？」と、子どもと一緒におもしろがって考えようとする姿勢をもちま**

しょう。

そうやって話し合いを進めていくと、新しい発見や意見から、予想以上の結論が導き出され、教師も驚かされることがあります。

自分が敷いたレールの上に子どもを乗せようとせず、どんな発言も子どもなりに意味があるものとしっかり聴いて受け止める。考えられる子どもを育てたければ、教師が考えること、議論することを楽しむことが大切なのです。

教師の聴き方で発表できない子をなくす

新しく担任として受け持った四年生のクラスで、発表が苦手な女の子がいました。本当はきちんと意見があるのに、どの科目でも全然発表できていませんでした。

しかし、私が担当になってから三ヶ月がたった頃、ついに勇気をもって手を挙げてくれました。その日、道徳ノートに書いてくれた感想です。

自分はちゃんと意見を伝えられるのに、これまでそういうことができていなくて、道徳の授業も嫌いでした。

でも、今日勇気を出して、手を挙げて自分の意見を言ってみたら、「え〜、何、その意見」などというような言葉がかからずに、みんなが理解してくれる、そうわかったので、授業も好きになったし、必ず一回は発表できるようになりたいと思いました。

「自分はもっとできるはず、もっとできるようになりたい」という叫びにも似た思いが伝わってきます。よくありたいという思いの表れでしょう。

この日、勇気をもって発表したことで、友達が自分の言葉や思いを受け止めてくれる存在だということに気が付いたのです。その子はその後全校代表として二千人の前で堂々とスピーチを発表をするまでに成長しました。

たとえば、授業で発問したとき、最初十名くらいの子どもたちが手を挙げていたとします。そのうちの一人が指名されて発言したあと、挙手する子どもが激減することがよくあります。

どうして手を挙げなくなったのかを聞くと、「同じだから」「言われた」などという反応です。これは、あらかじめ決まっている答えがあり、それを言い当てる「ゲーム」になってしまっているということではないでしょうか。

このようなときは、**「同じでもいいから自分の言葉で言ってごらん」と教師が発言を促**

すと、多くの場合、似ていても少し違う意見を言ってくれるでしょう。

むしろ大切なのは、この場面での教師の問い返し。

「あれ？ いまの意見は同じようだけど違うところがあるよ。やっぱり発表してもらってよかったね」と、似ていてもいいという価値観を伝えます。

もし、発言内容が全く同じ場合でも、慌てる必要はありません。

「違う人なのに、なんで同じことを思うのだろう？ 不思議だね。どうして同じように思ったのか、その理由が言えるかな」と返せばいいのです。

教師が率先して聴く耳をもてば、その空気は子どもにも伝わり、子どもたちも自然と友達の話を聴くようになるでしょう。

人の意見を真剣に聞き、理解しようとする学級にできれば、全員が自分の言葉、友達の言葉、そして自分と友達の存在を大事にするようになるでしょう。

同じでもいいから
自分の言葉で
言ってごらん
えっと……

研究授業をするポイント・みるポイント

授業公開はただでさえ緊張しますが、研究授業となるとさらにハードルが上がることでしょう。いろいろと思惑も働いてしまい、どうしても必要以上に指導案が膨らんでしまって、予定したところまで行かなかったとか、ねらいがブレてしまったなどという反省を聞くことがあります。

ここはひとつ、腹を据えて**「授業を通して目の前の子どもたちに何がしたいのか」を、なるべくシンプルに絞ってわかりやすくする**という方針で行くのはどうでしょうか。

詳細に指導案をつくるのは結構ですが、それにとらわれすぎると子どもが見えなくなります。指導案の展開通りに流そうと、指導案とにらめっこしながら授業をするようになっては本末転倒です。やはり、いざとなったら**「指導案を捨てる」覚悟で子どもたちに向き合いたい**ものです。

何がしたいのかが明確にあれば、予定しない発言が出たり、思わぬ展開になったりしても、柔軟にそのときの子どもたちの言葉や反応を生かしながら、ねらいに向かって進めることができると思います。逆に指導案にとらわれすぎると、子どもたちの実態を置き去りにして、子どもたちを強引に引っ張る展開になりかねません。

研究授業もぜひそのあたりをくんで見ていただきたいものです。

つまり、授業後の研究協議のときは、

・いかに指導案通りに展開したか
・時間きっちり終わったか
・子どもたちが積極的に発言していたか

という観点ではなく、

・ねらい設定に基づく展開上の工夫は有効だったかどうか
・教師がいかに子どもたちの反応を受けて適切な対応ができていたか

について話題にしていくといいでしょう。

授業者にとっても参観者にとっても実りのある研究授業にしていきましょう。

子どもはどうしたら考え始めるか

三年生の道徳授業が終わり、休み時間になりました。外に遊びに出かける子、お友達とおしゃべりをする子が多い中、二人の子どもが黒板の前でずっと考え込んでいます。

男子「先生、授業が終わってから気が付いたんだけど……」

加藤「なるほど、それは確かにそうだ。よく気が付いたね」

女子「だったら、ここと一緒だね。先生どう思う？」

子どもたちは考え始めたら時間など気にしません。放っておいてもどんどん考え続け、新たな発見をしていきます。

このように、子どもたちが前のめりで考えるためには、三つの要素が不可欠だと考えています。

一つ目は、**自分で考え、発見したという感動や喜びがある**こと。

たとえば、親切・思いやりの授業で、四年生の女の子は、これまで気付かなかったことを発見した感動を味わい、それを道徳ノートにこのように書いています。

「今日の授業で夢から覚めたようになりました。これまでどれだけたくさんの人に親切にされてきたか、はじめてわかりました」

そして二つ目は、**自ら見つけた考えが、これからの自分に生きてくるだろうという手応えを感じる**こと。

自ら見つけた感動を、実生活に生き、よりよい方向に進んでいけるだろうという手応えや希望があるからこそ、もっと学びたいと前のめりになるものなのだと思います。

最後に三つ目は、**友達や先生の考えを合わせると、もっと進化できそうだという予感がある**こと。

道徳の授業は、友達と話し合うことで、新しい自分に出会える大切な時間です。友達の意見を聞けば、自分の考えも変わっていくというポジティブな経験の積み重ねが、友達の意見へのリスペクトにもつながっていくのです。

子どもは一時間でここまで変わる！

「嫌だ！ おうちに帰る！」

私が小学校の教師になる前、スイミングスクールでコーチをしていたときの出来事です。

一回目の練習が始まる前、水が苦手な男の子がプールサイドで大泣きしていました。はじめての場所、はじめてのプール、はじめてのグループ、すべてがはじめてすぎて、軽いパニックになっているようです。

しかし、一時間後。

「さようならー！ また来週会おうね！」

頭までびしょ濡れになりながら、うれしそうに手を振って帰っていく姿は、一時間前と同一人物？と思ってしまうほどです。

スイミングでは、はじめに強烈な拒否反応を起こす子も珍しくありません。ここで無理なことをしたら、それがトラウマとなってしまう可能性もあります。

何事もはじめが肝心。導き方次第でこの男の子のように、たった一時間で、自分の見ている風景が一変してしまうような学習体験をすることもあります。


これは、小学校教育でも同じです。劇的な教育効果を生むためのポイントは二つあります。


一つ目は、**子どもが安心できる居場所をつくる**こと。

二つ目は、**「気が付いていたらできていた」という状態をつくる**こと。


まず、安心できる居場所をつくるとは、空間として安心できるというだけでなく、心の安定する場所という意味です。

スイミングのとき、水が怖いと体が萎縮してしまうのと同じように、クラスが安心できる場所でなければ、いろいろなことに果敢に挑んでいこうと思えるはずがありません。

二つ目は、「気が付いたらできていた!」という状態をつくること。

これは、子どもたちの目的と教師のそれが異なることを意味します。教師は「水に顔つけをさせたい」と思い、それをストレートに子どもに要求してもなかなか思い通りにはなりません。水が怖い子どもたちにとって、「ちょっとでもいいから顔を水につけてごらん」と言われても、それができれば苦労しないのです。

だから、少し目先を変えて、別のところに注意をそらしてやります。例えば、「あれ!? 水の中に何かいるよ、金魚かな、貝殻かな、なんだろう？」と言いつつ、顔を水に近づけさせます。そのとき水しぶきがかかっても「何があるのか知りたい、触ってみたい」の気持ちの方が大きければ、結果的に水をかぶったり、顔つけをしたりしてしまっているものです。すかさず、「できたねえ！ すごい、すごい！」と褒めてやれば、なんなく顔つけクリアです。

これは一つの例ですが、他のことも同じような感じでできることが結構あるような気がしますよ。

教師たるもの、誰より学び続ける存在であれ

私たち教師は、子どもたちより、長い時間を生きています。せっかく志をもち教師になったのですから、子どもの手本となり「おお、さすが先生」と言われたいですよね。指導内容だけでなく、指導方法も学んでいるのですから、勉強を教えられるのは当然。それだけでなく人生の先輩として、一個人としても尊敬される存在でありたいものです。「さすが！」と言わしめるものは、豊富な知識や経験だけではありません。**何よりも大事なのは学ぶ姿勢**です。

勉強は子どもだけがするものではありません。いくつになっても、学ぶことは山ほどあります。教師が常に探究心をもって勉強する姿勢を子どもたちに見せ続けることが、一番の手本となるのかもしれません。

永世七冠を獲得した将棋の羽生善治《はぶよしはる》さんは、受賞会見で「将棋そのものを本質的にわかっているかというと、まだまだ何もわかっていないというのが実情」とコメントしています。

羽生さんが将棋の本質をわかっていないとしたら、誰がわかるのだろうと思ってしまいますが、達人ほど、より貪欲に、より謙虚になるのでしょう。

教師も、一人の人間です。人間は完璧ではありません。ついつい都合よく考えてしまったり、情に流されてしまったりするような弱さを併せもつ存在です。

そこにもきちんと向き合い、だからこそどうあるべきかを求め続ける、教師である前に、一人の人間として子どもたちと対峙したいものです。

教師の仕事において、結果をどう捉えるか

「子どもが泳げるようになったら子どもの力、泳げるようにならなかったら指導者の責任」

スイミングコーチをしていたときの監督のこの言葉は、教師になったいまも、同じ指導者として忘れられません。

スイミングスクールでは、人気コーチには生徒が集中し、それが仕事の結果に直結します。社会においては、そのような厳しさは当然のこと。芸能界なら視聴率、野球選手なら打率や防御率というように、結果は数字で歴然と示され、その数字に応じてそれなりの報酬が得られるのが普通です。

一方、学校教育はどうでしょうか。

教師は子どもの成績を上げることができても、給与がアップするわけではありませんね。

責任のある仕事ということは同じでも、結果に対してどれだけ責任を負うかというと、その人によって温度差があるような気がします。

つまり、教師というのは、**結果が見えにくい仕事**なのです。

私の大学時代の友人が、教師から警察官に転職しました。その理由を尋ねると「育てるより取り締まる方が早いから」との答え。あまりに明快な回答に、一種の潔さも感じました。確かに、育てるという教育活動は、ときには非効率的で、すぐに結果が見えずもどかしく思うこともたくさんあります。

けれど、その時間がすべて無駄なのかというと、そうではありません。

すぐに見える結果よりも、付加価値を大切にできるのが教師の仕事。たとえば、子どもが頑張ってテストでよい点を取ったら、純粋にうれしい。

「よく頑張った」「教え方が間違っていなかった」「役に立ててよかった」など、結果よりも過程に価値を見いだすことができるのです。

あまり功を焦りすぎることなく、**じっくり力を溜めさせて大きくはじけるのを待つ**。

これは道徳授業でも同じで、時間内に無理にまとめようとせず、長い目で子どもの成長を見取ることが重要です。時間がかかっても、じっくりと取り組み、育てていくという過程を大切にする。それができるのが学校教育の特色で、教師の仕事の醍醐味だと言えます。

第4章

特別対談

平野次郎×加藤宣行
僕たちの学級づくり

個性を尊重した学級づくりを

小学校でありながら専門教科の研究を行い、準専科制をとる本校で、音楽専科であり、学級担任である平野次郎先生に話を聞きました。

加藤　平野先生は音楽をメインにしていますが、自分のクラスで道徳の授業をしたいということで、いろいろお話をさせていただき、いくつかのスタイルで授業を試してもらいました。道徳専門でない先生ならではの感想や学級づくりに役立ったことなどを、お伺いしたいと思い対談をお願いしました。

また、授業を見ていて、子どもが本当に育っていると感じるので、そんな学級をつくった、平野先生流の学級づくりのポイントを教えてください。

平野　学級づくりは、毎回一年勝負だと思っています。筑波小は三年間持ち上がりではありますが、それでもやはり一年勝負。

特に今年は四年生のクラスをもっていて、スタートの年なので一人ひとりの居場所をどうやってつくってあげるかを考えています。たとえば、友達と仲良く外に遊びに行く子もいれば、教室で一人、本を読んでいる子もいます。

ひと昔前だと「外に行って遊びなさい」と言っていましたが、まずはそれぞれの個性や学校での過ごし方を受け入れて、その子の居場所をつくってあげる。そうしていくことで、この部分ならば自分は頑張れるというものが出てくる。

みんなの前で引っ張っていくのが得意な子もいれば、一人でじっくり考えるのが得意な子もいるので、全員一緒にしない。でもそれは一歩間違えれば特別扱いすることになりかねない。だから学級づくりの初期の段階でそれぞれのよさを共有しておくことが大切です。そのバランスがすごく難しいと感じています。

加藤　クラス開きの最初に伝えておく約束事などはありますか？

平野　安全にかかわること、時間にかかわること、人に迷惑をかけないこと、この三つの基本的なことは明確にしておきます。この三つ以外で僕からこれはダメ、これをしなさいと発信することはないです。その前提の上で、友達を大事にしようと言っています。

加藤　「みんな違って、みんないい」ところと「みんな違ってはいけない」ところ、この二つの区別はどうつけていますか？

平野　先ほどの三つのことは違ってはいけないところ。子どもが意図してこれをやってみたいというのが、違っていいところだと思っています。たとえば楽器を吹くときに、適当に吹いて上手に吹けた子と、こういうふうにしてみたいと工夫した上でうまくいかなかった子では、後者の方が学びとして価値がある。それまでの過程や考えがしっかりあれば、そこは違っていいところだと思います。

子どもの思いをもって自分なりに工夫したとき、教師が一歩先、二歩先に何を考えているかを突っ込んで聞くことで、ただのわがままにならないようにしています。

加藤　どうしてやりたいのか、それによって何が得られるのか、そのための手立ては何かというステップを、自分の言葉で話すことができれば尊重するということですね。

平野　そうです。あとは、特定の教科やまわりが頑張りを認めているものに偏ってしまいがちですが、どんなことを頑張るかは個人によって、違っていいと思っています。

平野 次郎（ひらの・じろう）

筑波大学附属小学校教諭。1981年福岡県生まれ、千葉県育ち。尚美学園大学（ジャズ＆ポップス専攻）を卒業後、千葉県の公立中学校、小学校（船橋市、八千代市）勤務を経て現職。研究テーマは『対話する音楽授業づくり～思考力とコミュニケーションに視点をあてて～』。音楽づくりや即興表現、iPadを活用した授業構成、鍵盤ハーモニカやリコーダーの新たな活用方法を切り口に研究を進めている。全国各地の研究会や研修会等で、主に「音楽づくり」の指導法や授業アイデアの講師を務め、好評を博している。

評価の難しい音楽や道徳の授業だからできる学級づくり

加藤　音楽の教科指導を通しての学級づくりについては、どのようにお考えですか？

平野　これまでの音楽授業は先生の指示に対して子どもが応えるような授業が多く、歌や演奏が上手な子が活躍していました。上手な歌や演奏を求めるプロの世界だったらいいのですが、それだけだと子どもが音楽の授業を好きになってくれないと思います。もちろん技術も必要ですが、子どもがいまもっている力や考えでどう音楽を表現するかを受け入れることが大切だと思います。

加藤　結果は評価しやすい一方で、子どもの考えの過程を評価するには教師に見る目が必要ですよね？

平野　歌や演奏が上手な子ばかりを評価すると、苦手な子からしてみれば「あいつはどうせ上手だから」というふうになってしまう。むしろ苦手な子が少しでもうまくいった部分を評価することに力を注いでいます。先生としては型通りに授業をする方が楽ですが、子どもは窮屈で、また間違いがわかりやすいので苦手な子は活躍しにくい。ある条件の中であとは自分で考えて表現させる方がいいと思います。

たとえば、「四拍の中で自由に音を出してごらん」と言ったときに、一拍たたいて終わりの子もいれば、四拍ずっと休んでいる子もいる。だけどその考えを聞いておもしろければ評価する。型にはめてあげることで安心する子、型にはめないことで自分を出せる子、両方を理解してあげることも教師の役割ですね。

加藤　最初から技能の高い子が実力通り上手にできることは多いと思います。逆に技能の低い子が、急激に上達することはありますか？

平野　結果だけを見てしまうと、技術がかかわることなので急激に上達することは少ないですが、一歩前進したなという過程はわかります。

加藤　それはどのような点を見て、わかりますか？

平野　子どもの表情や一回やったことをもう一回やってみようという態度です。

加藤　道徳も一緒で、行動ではなく態度を評価しています。何かができた方がいいのは当たり前ですが、そこをゴールにすると形を取り繕ってしまう子が出てくる。道徳では、行動に至るまでの態度を育てるべきだと思っています。私は態度を評価するとき、授業中の様子や言動、ノートを見ています。音楽もノートを使いますか？

平野　四・五・六年の授業では、ノートを使っています。ワークシートは効率的ですが、ゴールまでの道筋が見えているので途中でやり方を変更できないのはつまらない。その点、ノートなら、記録の仕方まで子どもに任せられます。音は一回出すと消えてしまうので、ノートに残しておくことが大事だと思います。

加藤　ノートで子どもの変容を評価するということですか？

平野　そうですね。思考的な部分は口で伝えるか文字で伝えるかしかないと思います。

加藤　道徳も本当に同じです。音楽も思考を大事にしているのですか？

平野　何より大事だと思っています。技能を積み上げるには一から教える方が簡単ですが、技能を先に教えてしまうと思考を深めるおもしろさにたどり着きません。そういう意味でも、新しい学習指導要領では、思考という観点が重視されていきます。

加藤　技能を積み上げる中で思考が深まるということもありますよね。

平野　それもありますね。だから両方大事だと思っています。技能を習得する過程で動き出す思考の一歩は価値があるので、見逃さないようにしています。

学級担任だからできる「考え、議論する道徳授業」のよさ

加藤　平野先生が、道徳授業をしてみての感触はいかがでしたか？

平野　加藤先生の授業スタイルはセオリー通りいかない。セオリー通りやるのは簡単ですが、自分で考えて授業するのは難しい。そこにおもしろさを感じました。

加藤　平野先生が道徳授業をやってみて、すぐにおもしろかったと言えるのはクラスの子どもをきちんと育てられていて、素早くコツをつかんだからだと思います。

平野　コツというか大事なことは、音楽でも道徳でも同じで、子どもにきちんと付き合うことだと思います。同じ授業でも子どもが違えば進め方も変わってくるので、目の前の子どもたちに付き合っていかなければいけない。目の前の子どもたちに合わせて学び進めていく授業を楽しめるかが、教師に求められる資質だと思っています。

加藤　子どもにきちんと付き合うことで、子どもの意識の変容が見えてくると思います。

平野　そうですね。でも難しいのは、付き合う中でもどこか落としどころに持っていかないといけない。付き合っているだけでは限界を迎えたときに、教材や最初の導入に戻ることも必要です。そうすることでうまく持っていけることもあります。

加藤　それができるのは、思考を大切にする学級づくりがあったからでしょう。

平野　そうですね。子どもが自分の考えの根拠やそれを伝える力をもっているからだと思います。

加藤　学級づくりがベースにあるから、「考え、議論する」スタイルの道徳に子どもたちも先生自身も対応できたのですね。学級づくりと授業づくりの両方ができていると、綺麗事を言わない子が多くなりますね。根拠がしっかりあれば、綺麗事を言わなくていいんだ、綺麗事でなくても受け止めてもらえるんだという安心感が広がり、道徳授業以外でもフラットにいろいろな観点で物事を考えられるようになると思います。

平野　道徳だから背伸びした発言をしてしまったとしても、そのうち自らそういう行動を取るようになればそれが自分の考えになったということなので、そこを見てあげることが大事だと思っています。

加藤　学級担任だからこそ、点ではなくて線で見ることができますね。子どもの思いがわかるので、思いと行動がつながったときに意味づけができる。それを評価することが、子どもの自信になります。それが道徳の評価のあるべき姿であり、学級担任だからこそできることです。

平野 そうですね。道徳を点だけで見るのではなく、それを人間的な成長に生かしてほしいですね。逆に普段の生活で協力や思いやり、仲間づくりを頑張っている子が、それを道徳で生かし、授業を支えているかもしれない。そのような子にとっても、他の子の価値観に触れることが大事だと思います。

加藤 最後に、道徳の授業を充実させると、他の授業や学級づくりに生きてくると思いますか？

平野 音楽の授業はもちろん、日々の生活や学級の雰囲気もよくなると思います。道徳の授業をやっただけでは変わらないと思うのではなく、そういった相乗効果があるものだと信じて授業をすることが大事ではないでしょうか。

加藤 道徳教育も音楽教育も人間教育ですね。本日はありがとうございました。

第４章

特別対談　僕たちの学級づくり

おわりに ――世界で一番のセキュリティシステムが人間教育だ――

以前、仕事で地方に行ったときのことです。駅から会場までタクシーで移動しました。そのとき乗り合わせたタクシーの運転手の話が大変興味深いものでした。

その運転手はコンピュータに詳しいらしく、

「およそ人間がつくったものを、同じ人間が直せないということはありませんね。同じ理由で、人間がつくったセキュリティだったら、絶対に破れない、一〇〇%安心というシステムもあり得ません。

ホワイトハウスの最重要機密だってハッキングされているくらいです。人間が絶対に破れないガードシステムをつくることができる生物がいるとしたら、それは人間ではなく地球外生物の宇宙人です」

なるほど、人間がつくったものを同じ人間が破れないわけがないというのは一理ありますね。どんなに落ちのないシステムやルールをつくったつもりでも、必ず落とし穴があり、抜け道があるということです。イタチごっこです。

そもそも完璧ではない人間がつくるものなのだから、完璧なものをつくれるはずがないのです。だとすると、そのような科学技術のミスや悪用に歯止めをかける「最後の砦」はなんなのでしょうか。運転手と話しながら、ふと、そんな疑問がわき起こってきました。

その答えは、これは私と運転手の意見が合ったところなのですが、「人間性」ということになりました。

どんなに技術が進歩しても、どんなに完璧な社会システムやルールが完備されても、最後はそれを使う、守る人間次第。正しく使いこなすことができる人間を育てることが一番の対策だということです。

世界で一番のセキュリティシステムは、人間の中にあり、それを育てるのが教育なのだと改めて実感したひとときでした。

ここまで書いてきたように、私は教師になる前にいろいろな世界を見てきました。いろいろな人に出会い、いろいろな体験をしました。

いま、教師をやっていて思うことは、「すべての道は無駄じゃない」ということ。これ

までの経験は、教師という仕事にすべて生かされています。そして、「思いは必ず通じる」「どの世界も大切にしていることは同じ」という思いを強くしてきました。

それらの集大成として、教育論を語る場があってもいいなあとなんとなく思って本書を執筆しました。

本書の制作には、東洋館出版社の畑中潤氏と小林真理菜さんに大変お世話になりました。ありがとうございました。

やはり、最後は「人」ですね。これまで私を支えてくださったたくさんの方々に感謝の思いを抱きつつ。

平成三十一年二月　加藤　宣行

加藤宣行　かとう・のぶゆき

筑波大学附属小学校教諭。筑波大学、淑徳大学講師。

東京学芸大学卒業後、スタントマン、スポーツインストラクター、神奈川県公立小学校教諭を経て、現職。KTO道徳授業研究会主宰、光文書院 道徳科教科書監修、日本道徳基礎教育学会事務局長。

著書に、『プロ教師に学ぶ小学校道徳授業の基礎技術Q＆A』『道徳授業を変える教師の発問力』（東洋館出版社、2012年）、『実践から学ぶ深く考える道徳授業』（光文書院、2015年）、『子どもが、授業が、必ず変わる！「一期一会の道徳授業」』（東洋館出版社、2016年）、『加藤宣行の道徳授業 考え、議論する道徳に変える指導の鉄則50』（明治図書、2017年）、『この一冊でぜんぶわかる! 加藤宣行の道徳授業実況中継』（東洋館出版社、2018年）他多数。

子どもが
考え、議論したくなる
学級づくり

2019（平成31）年３月25日　初版第１刷発行
2021（令和３）年２月８日　初版第４刷発行

著　者　　加藤宣行
発行者　　錦織圭之介
発行所　　株式会社 東洋館出版社
〒113-0021　東京都文京区本駒込5-16-7
営業部　TEL 03-3823-9206／FAX 03-3823-9208
編集部　TEL 03-3823-9207／FAX 03-3823-9209
振　替　00180-7-96823
URL　http://www.toyokan.co.jp

イラスト　　赤川ちかこ（オセロ）
装　幀　　小口翔平＋喜來詩織（tobufune）
印刷・製本　藤原印刷株式会社

ISBN978-4-491-03538-3 ／ Printed in Japan